根菜を楽しむ重ね煮

JN046555

Contents

家族や大切な人の健康を支える美味しい料理を届けたい

食材や調味料、インスタント食品、便利な調理器具もあふれるほどの時代になったのに、体の不調や病気を抱えた人が増えつづけています。

重ね煮は、私たちの食のあり方を家庭で見直し、実践することのできる調理方法です。重ね煮が正しく、広く伝わることは心と体の健康に必要なことと考えます。

重ね煮を味わい、実践した誰もがその魅力に惹きつけられます。今回はこれまでのベーシックな重ね煮の枠から飛びだし、幅広く野菜の魅力をお伝えするレシピ集になっています。

重ね煮創始者である小川法慶先生のいう「悲しみが癒える食べ物」を探し求めてきました。それは家族や大切な人のささやかな毎日の生きる力となる食べ物のことであると思います。安心、安全であり、しかも愛情が込められた料理を食卓で囲むことで、ゆっくり、じっくりと生きる力となっていく。その過程こそが「悲しみの癒える食べ物」なのです。

大切な人の心と体の健康を守る食は、手間と愛情をかけることで生みだせることを、重ね煮は教えてくれます。自分と大切な人の食を守ることは地球を守ることにもつながります。それは世界中の誰もがキッチンから取り組めることでもあるのです。

家庭の基本調理方法として、小川法慶先生から両親が学び、私が受け継いだ重ね煮を伝える活動を12年続けられていることに感謝の気持ちがあふれます。今まで以上に粘り強く、素材の力や旨み、生産者さんの想いを料理で表現し、食の大切さを伝えていきたいと思います。

今回の制作も多くの方々の支えなしに実現することはできませんでした。重ね煮を通して、関わってくださったすべての方々の心が調和した感動の瞬間の連続に、ありったけの感謝の気持ちをこめて。

2020年　戸練ミナ

重ね煮は鍋の中で
野菜が奏でるハーモニー（＝野菜の調和）。
戸練ミナの重ね煮を
「はあも煮」と名付けています。

重ね煮の考案者である小川法慶先生の
「陰陽調和の重ね煮」をベースに

＊塩の使い方
＊野菜の組み合わせ方
＊ハーブやスパイスの使い方
＊重ね煮を作り置きし、
　各種の料理を展開する「使い回し術」

など、独自の発想と、今の時代にある食材、
そして感謝の気持ちをかけあわせました。

戸練ミナ

重ね煮料理研究家
（栄養士／調理師／薬膳営養師）

重ね煮の創始者小川法慶氏に両親が師事していた経緯から重ね煮を食べて育つ。割烹、フレンチレストラン、自然食カフェに勤務。その後、パティシエ研修のため渡仏。帰国後、西洋医学と東洋医学を統合した病院の食養課課長として重ね煮を使った病院給食、栄養指導に取り組む。さまざまな場面での「食」に携わる経験を通し、野菜の素晴らしさ、キッチンからの人や地球に優しい意識改革を目指し、日本各地、海外にて重ね煮料理教室を開催している。

わが家の味と重ね煮をつなぐ娘へ

信州に来て、娘（戸練ミナ）と一緒にお台所に立つ日が少しずつ増えました。何気ない日々のおかずを一緒に作ったり、テレビで見た新しいお料理に一緒にチャレンジしながら、わが家の味に仕立てたり。お互い得意な分野が違うので、刺激しあいながらのお料理も楽しい日常です。

最近では、子どもたちが小さかった時によく作っていたおかずをリクエストされ、懐かしく思いだしながら一緒に作ることもあります。

パティシエになると思っていた娘が思いがけなく、わが家の味や重ね煮を引き継いでくれて、それを多くの方に楽しそうに伝えてくれる姿を見ていると、食生活の中心を重ね煮にした子育ても、これでよかったのだと思えます。小川法慶先生の教えを取り入れた家庭生活をしてきたことが、実を結んだように思います。

重ね煮を考案された小川先生からは、重ね煮のこと、そして、暮らしの中で大切なことは何かについても、教えていただきました。今、重ね煮が私たち夫婦の世代で終わらず、毎日の生活の中で繰り返してきたことが娘に受け継がれていくのを感じ、うれしく思います。巡り巡って、娘のお料理教室に参加くださった方々が、ご遠方からも野乃庵にお食事に来てくださることもありがたくて。

大自然の大きな力を感じながら自然とともに仲良く今日一日を大切に生きていけたらと願います。これからも自然に寄り添って、ていねいに暮らしていきたいと思います。

（文／野乃庵・戸練わこ）

第一章
根菜に親しむ

重ね煮はありません。野菜1種それぞれの個性を生かす料理を紹介しています。「葉や皮も美味しくいただく」を提案しています。一手間が必要なこともあります。

野菜の旨みを利用する「玉ねぎだし」

ページ／料理名	方法	特徴
p19 白いポタージュ	玉ねぎの オリーブオイル蒸し	玉ねぎの旨みを最大限に引き出すための工程。玉ねぎの繊維を断ち切り、オリーブ油、塩と一緒に加熱（炒め蒸し）することで、玉ねぎの水分や甘みを存分に引き出すことができる。オリーブ油の旨みと風味が加わり、美味しさがグンと増す。

ごぼうのアクを旨みに変える

ページ／料理名	方法	特徴
p31 ごぼうの きんぴらサラダ	ごぼうの オリーブオイル バルサミコ酢蒸し	ごぼうをオリーブ油でコーティングしてから加熱し、ごぼうから水分を引きだす。塩、しょうゆ、バルサミコ酢を加えて蓋をして蒸し煮にする。アクを中和しながら同時に味付けができる。完全に火を通して仕上げる。バルサミコ酢の酢で、ごぼうが少し白くなる。

第二章
根菜が主役の重ね煮

美味しく仕上げるための下ごしらえのある重ね煮がいくつか登場しています。多種あるわけではなく、ほぼ同じ工程です。一度、覚えてしまえば、楽に調理することができます。すべての料理に電子レンジは使用しません。重ね煮はじっくり、ゆっくり火を通すことで野菜の恵みをいただきます。

里いもに、にんにく生姜のコクを移して隠し味に

ページ／料理名	方法	特徴
p62 里いもとれんこんの 重ね煮	里いもの ごま油にんにく 生姜蒸し	にんにく生姜のコクを里いもに染み込ませて隠し味に。このことで、アレンジ料理をするときに、少ない調味料で味が決まるようになる。

れんこんのアクを旨みに変える

ページ／料理名	方法	特徴
p72 りんごと根菜の 重ね煮	れんこんの 菜種サラダ油 梅酢蒸し	菜種サラダ油を熱して、れんこんを加え（※）てコーティング、れんこんから水分をだす。梅酢を少量加えることでアクを中和し、旨みに変える。中和には梅酢の中に溶けた塩が力になっているため、梅酢がないときは塩で代用できる。加熱後にほかの素材とともに重ね煮をするので、完全に火を通すのではなく、六分通りにとどめる。

※れんこんのでんぷんは焦げつきやすいので、油を熱してかられんこんを入れる。

ごぼうのアクを旨みに変える

ページ／料理名	方法	特徴
p80 根菜カーニバルの 重ね煮	ごぼうの にんにく風味 菜種サラダ油 梅酢蒸し	ごぼうをにんにく、菜種サラダ油でコーティングしてから加熱、ごぼうから水分をだす。梅酢を少量加えることでアクを中和し、旨みに変える。中和には梅酢の中に溶けた塩分が力になっているため、梅酢がないときは塩で代用。加熱後にほかの素材とともに重ね煮をするので、完全に火を通すのではなく、六分通りにとどめる。
p88 乱切りごぼうの 重ね煮	ごぼうの ごま油梅酢蒸し	ごぼうをごま油でコーティングしてから加熱、ごぼうから水分をだす。以下、同上。
p96 ごぼうと大豆 de イタリアン重ね煮	ごぼうの にんにく風味 オリーブオイル梅酢蒸し	ごぼうをにんにく、オリーブ油でコーティングしてから加熱、ごぼうから水分をだす。以下、同上。
p104 おかずみその 重ね煮	ごぼうの ごま油梅酢蒸し	ごぼうをごま油でコーティングしてから加熱、ごぼうから水分をだす。以下、同上。

野菜の旨みを利用する「玉ねぎだし」

ページ／料理名	方法	特徴
p116 野菜の力を知る ベジシチュー重ね煮	玉ねぎの オリーブオイル蒸し	作り方はp19の工程①から⑤と同じだが、「白いポタージュ」よりもオリーブ油の量を多く使用することで、旨みがさらに強くなる。

第三章
母・戸練わこさんのレシピ

母・戸練わこのレシピです。子どもの頃から重ね煮を食して育ってきたことが、今の私を作っています。私のレシピの原点を紹介いたします。

第四章
にんじんの重ね煮で体感

にんじんの重ね煮を紹介。とても手軽にでき、活用方法もわかりやすい重ね煮です。アレンジ料理として和・洋どちらも可。豆乳と合わせるとポタージュやホワイトソース系に、果汁と合わせるとスイーツへと自在に活用できます。

根菜を楽しむための各章のおもな内容と、
紹介している美味しく仕上げるプラス技（一手間）。

わが家の調味料です

毎日の暮らしのなかで、私にとって欠かすことのできない調味料やお茶です。掲載の料理に使用している調味料です（ご家庭での調理は、皆様のご愛用の調味料でどうぞ）。

しょうゆ

杉樽仕込頑固なこだわり醤油こい口［ヤマヒサ］

みりん

福来純「伝統製法」熟成本みりん［白扇酒造］

砂糖

粗製糖

スイーツを作る時以外は、砂糖はほぼ使用しません。必要なときは、てんさい糖など粗製糖を使います。

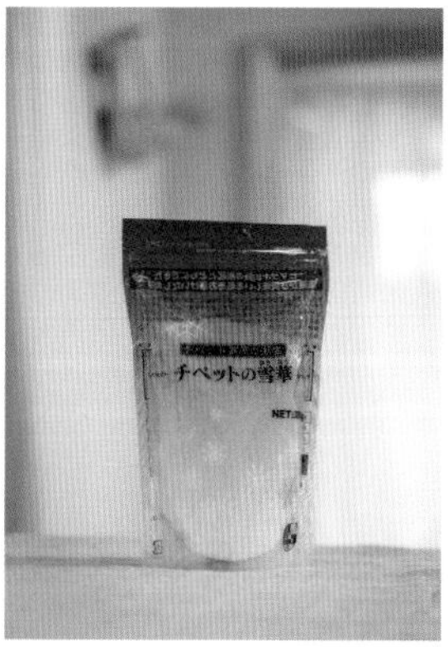

塩

チベットの雪華［チベットソルト］

チベット高原の塩湖より採取の塩を長時間の天日干しで作った塩。

油

なたねサラダ油［ムソー］＊

オルチョナサンニータ・エキストラバージン・オリーブオイル［イタリア生産者ジョパンナー家／輸入元アサクラ］

圧搾一番しぼり胡麻油［ムソー］

酢

本造り米酢［内堀醸造］

＊菜種油は焙煎菜種の香りと琥珀色がそのまま残した重厚の風味。一方、菜種サラダ油は香りと色を抑えた淡白で軽い風味です。

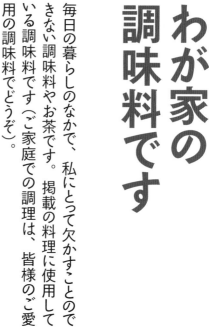

葛粉

廣助本葛［廣久葛本舗］

料理の仕上げにとろみをつけるときも葛粉を使用しています。栄養もあり、エネルギーにもなる本葛の成分。グルテンを含んでいないことから、離乳食や介護食などでも活躍します。

ごまペースト

絹こし胡麻（白）・絹こし胡麻（黒）［大村屋］

塩漬けケッパー

イタリア産塩漬けケッパー（ケッパーの花のつぼみ、シチリアの海の塩）［イタリア　生産者アルド・ナトリ／輸入元アサクラ］

掲載の料理で使用している塩漬けケッパーがないときは、塩で代用してください。

ごま（白・黒）

有機あらいごま・有機いりごま［ムソー］

番茶

正食三年番茶 無双番茶［ムソー］

みそ

自家製

酒

純米酒

米、麹、水が原料の純米酒を使用しています。吟醸酒や大吟醸など、精米歩合が高く、特有の香りや味わいを楽しむ日本酒は、料理酒にはむきません。

梅酢

自家製

（梅干しを漬けてできる梅酢）

ストックしておくと便利です

ストックしておくと調理の強い味方となる3種紹介します。自家製の美味しさを味わうことができたり、仕上げにプラスワンすることで彩りと栄養がアップするなど多方面で活躍してくれます。

にんにく生姜

材料

にんにく、しょうが、酒、密閉容器

作り方

❶ にんにく、しょうが各同量（およそでOK）をみじん切りにする。
❷ 煮沸消毒した密閉容器に入れ酒を瓶の口までなみなみと加える。

冷蔵庫で2週間ほど保存可能

保存瓶の煮沸

❶ 瓶と蓋を鍋に入れ、たっぷりの水を入れて火にかける。
❷ 沸騰後、15分煮る。
❸ 熱いうちに取り出し、水気をきる。

パンチを利かせる、またはコクを加えて深みのある味わいに

「にんにく生姜」を入れて調理すると、コクとパンチが生まれます。たとえば、しいたけ、玉ねぎ、にんじんで作る基本の重ね煮をベースに、えびチリを作るとき、にんにく生姜を投入することで、パンチのある味わいへと誘います。今回ご紹介している「びっくりミートソース」（p111）もこの働きを生かしています。

「里いもとれんこんの重ね煮」（p62）では、重ね煮前の一手間に活用しています。こちらは、パンチを利かせるというよりも、里いもに、にんにく生姜をコーティングし、里いもがその味わいを吸収することで、コクをプラスさせます。完成した重ね煮に、にんにくの香りは残りません。

一品料理や重ね煮のアレンジ料理に、にんにく生姜をプラスすると、夏の暑さで食欲が落ちた時には、香りとコクに食欲が刺激されて食欲回復、夏バテ解消の助けになります。寒い冬には、血行をよくして身体を温めてくれます。味わいとともに身体にも優しい、自家製の調味料なのです。

作り方は簡単です。同量のにんにくと生姜を、みじん切りにするだけ。保存瓶に入れて、お酒を瓶の口までなみなみと注いでおくと、冷蔵庫で2週間ほど保存可能です。ぜひ活用してください。

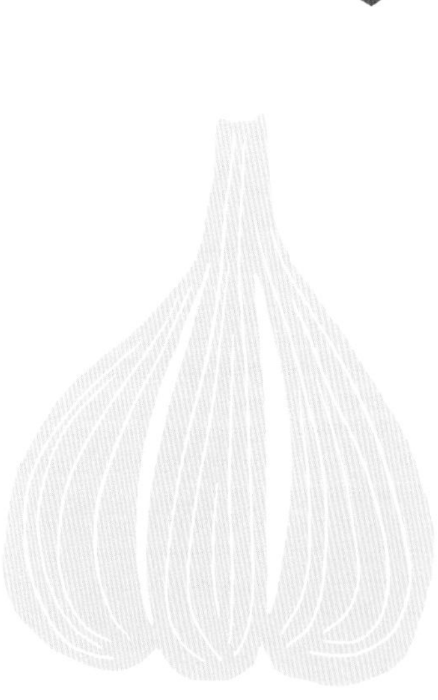

豆類の水煮

冷凍保存するときは煮汁も一緒に

日々の料理に豆類の水煮をよく使います。今回ご紹介している料理にも多数登場します。豆類は、彩りや食感をプラスするだけでなく、良質なたんぱく質源でもあります。前日の夜に塩水や水につけて、当日は茹でるだけ。慣れてしまうと楽に用意できます。まとめて水煮をして、冷蔵庫で3日ほど保存が可能。ストックしておくと、スープやサラダ、煮物の仕上げに大活躍します。冷凍保存をするときには、冷凍用保存袋に煮汁と一緒に豆を入れて冷凍します。こうすると、使用する際に、よい状態で自然解凍することができます。3週間ほど保存可能です。

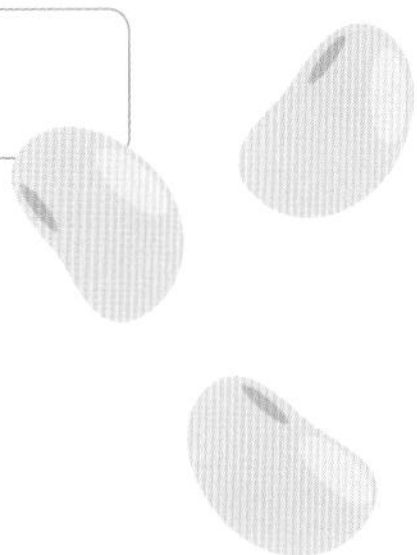

［作り方］

豆の種類	前日	当日
大豆	1%の塩水（水500mℓに塩小さじ1が目安）をたっぷり入れて一晩つける。	豆をざるにあける。鍋にたっぷりの水、豆を入れ、40～50分ほど茹でる。
ひよこ豆	同上	同上
黒豆	鍋にたっぷりの水を入れて一晩つける。	鍋に一晩つけた豆をそのまま火にかけ、40～50分ほど茹でる。
金時豆	同上	同上

豆類を冷蔵庫で3日ほど保存可能
豆類と煮汁を冷凍して3週間ほど保存可能

一晩つけた大豆

塩水につけ始めた大豆

［豆類の水煮を活用している料理］

ページ	料理名	豆の種類
p31	ごぼうのきんぴらサラダ	黒豆の水煮
p60	ひよこ豆とキャベツの塩ポトフスープ	ひよこ豆の水煮
p70	温サラダ　カレードレッシング	金時豆の水煮
p78	香るサラダ	ひよこ豆の水煮
p96	ごぼうと大豆 de イタリアン重ね煮	大豆の水煮
p112	ミート風ベジソースの重ね煮	大豆の水煮
p115	キャベツのごちそうボール	ひよこ豆の水煮
p124	モロッコからの贈り物重ね煮	ひよこ豆の水煮

夏トマトで重ね煮トマトソース

重ね塩	一番上に均一に塩を振る	小さじ1/2～1弱
にんじん	50g（または1/4本）	せん切り
玉ねぎ	100g（または1/2個）	繊維を断ち切る 薄切り
セロリ バジル にんにく	各少々	みじん切り
トマト	2kg	小さめの乱切り もしくは、手でちぎる
重ね塩	鍋底に均一に塩を振る	小さじ1/4弱

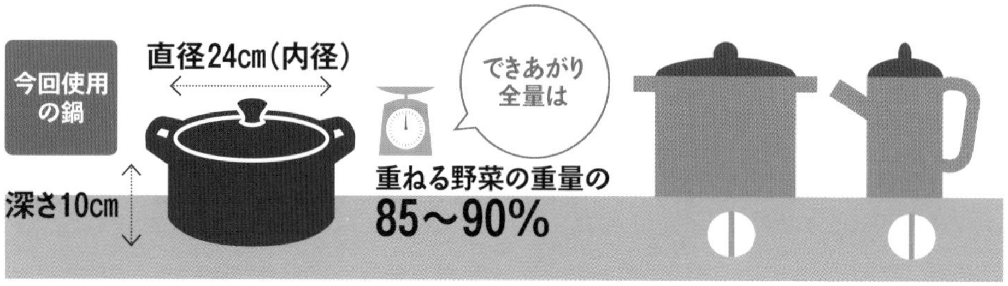
今回使用の鍋
直径24cm（内径）
深さ10cm
できあがり全量は
重ねる野菜の重量の
85～90%

作り方

❶ 鍋の底に塩を振り、下から順に、切った野菜を鍋に入れて重ねる。にんじんの上に塩を振る。
❷ 火加減は、トマトの水分が多いため、はじめは中火で熱し、沸騰してきたら弱火にする。合計40分ほど加熱する。
❸ 蓋をあけ、トマトからの水分がしっかり上がり、にんじんに火が通っていたら、鍋の中を混ぜながら、自分の好みのとろみになるまで煮詰める。
❹ ミキサーにかける。
❺ 煮沸消毒した瓶（p10参照）に詰める。
❻ 瓶に詰めたら脱気する。瓶の蓋を閉めて鍋に入れ、かぶるくらいの水を加えて火にかける。沸騰後、30分ほど煮る。熱いうちに取り出し、逆さまにおく。
❼ 粗熱が取れたら瓶の上下を戻し、蓋を上にして常温で保存する。

未開封は冷暗所で1年保存可能
開封後は冷蔵庫で2日間保存可能

自家製のトマトソースを作る楽しみ、食す喜び

　ここ数年、夏のよく熟れたトマトをソースにしてストックし、冬の煮込み料理などに使っています。瓶に詰めて煮沸したものは、開封しなければ常温で1年間保存可能です。

　今年は、特別なトマトで仕込むことができました。8年前より、わが家の近所にお住まいの山田さん（p14我らが〝玉ねぎおじちゃん〟参照）に、無農薬の玉ねぎを作っていただいていて、畑仕事に参加する機会もいただいています。お世話になっている山田さんに、「玉ねぎを収穫した後の畑で、加工用トマトの栽培していただきたい」とお願いをしたところ、快諾してくださいました。

　加工用のトマトは、生食用のトマトよりも赤色が濃く（リコピンが多い）、生で食べるとあまり美味しくないのですが、加熱すると、味がとても濃くなります。

　加工用のトマトは、かぼちゃのように地面をはわせて栽培します。夏、玉ねぎおじちゃんの畑は、緑の濃いたくましい雑草に覆われます。8月初めには、トマト畑というよりも、雑草だらけの荒れ野原のような状態になります。8月後半の収穫時期は、雑草をかきわけて完熟トマトを収穫します。畑の中で、雑草に顔を刺されながらかがんでいると、地面の熱で熟したトマトの香りが土から立ち上ってくるのを感じます。まるでトマト煮込みの鍋の中にいるようです。

　玉ねぎおじちゃんの畑でできた、無農薬の加工トマトでソースづくりができて幸せです。

［重ね煮トマトソースを活用している料理］

ページ	料理名
p84	根菜カーニバルの重ね煮のアレンジ料理／お野菜パエリア
p102	ごぼうと大豆 de イタリアン重ね煮のアレンジ料理／ラザニア
p111	おかずみその重ね煮のアレンジ料理／ミートソース
p119	野菜の力を知る重ね煮で作るベジタブル極上シチュー
p123	カポナータ風重ね煮の仕上げに
p124	モロッコからの贈り物重ね煮

安曇野 大地の恵み

我らが〝玉ねぎおじちゃん〟今年も感動をありがとうございます。

野菜を育てる喜びと厳しさに触れて

「わぁー、果物みたいな玉ねぎ」

初めて山田さんの玉ねぎを口にした時の感覚は、今でもはっきりと覚えています。山田さんは定年を迎えてから、自宅用に無農薬の玉ねぎをはじめ季節の野菜や、お米を作っている80代の方。自宅用に作る山田さんにお願いをして、重ね煮仲間のための玉ねぎを増産していただいたのです。300キロのお願いから始まった玉ねぎは、今では1トンもお願いするようになりました。

寒くなる前に苗を植え、土を踏み、暖かくなってきたら雑草を引っこ抜く。お手伝い程度ではありますが、私も畑仕事を体験しております。玉ねぎの間に生えてきた雑草ぐらいは、簡単に引っこ抜けると思っていたのですが、浅く植える玉ねぎの周りの根深い雑草を引き抜くのは、容易なことではありませんでした。私が雑草を引き抜いた後の畑は、まるで動物が畑の中を走り回って荒らした跡のようです。でも、山田さんが雑草を引き抜いたところは、さわやかな風が吹きぬけるような、穏やかな畑が広がります。

玉ねぎの〝ねぎ〟が倒れると収穫の合図です。そのタイミングは玉ねぎ次第。天気にも合わせて収穫をするため、6月のスケジュールは、玉ねぎの収穫を最優先に、ゆとりを持たせて組むようになりました。

収穫の時には、「玉ねぎ引っこ抜き大会！」と称して、仲間と一緒に裸足で畑に入ります。足の裏に大地を感じる貴重な時を過ごします。玉ねぎづくりを通して、野菜を育てることの喜び、楽しさに加えて、根気、繊細さ、難しさを学んでいます。

山田さんと畑で時間をともに過ごし、仲良くしていただいている今日、山田さんを「玉ねぎおじちゃん」と呼ばせていただいています。

第一章

根菜に親しむ

—それぞれの個性を味わう—

たまねぎ

玉葱
onion

おいしく栄養豊富な時期

新玉ねぎは4月～5月。安曇野は6月、北海道は8月～10月が収穫の時期

おもな働き

消化を助け、食欲を増進。血液の流れをよくし、血栓を予防。血糖値を下げる。殺菌力がある。便通を促す。

ポイント

玉ねぎは、肉質がかたくてしまったもの、形は平たいものよりも球形を選ぶとよいでしょう。特有の刺激成分・硫化アリルは、ビタミンB_1の吸収を助ける働きがあり、加熱すると糖度の高い成分に変化して、甘みが立ちます。抗酸化作用の大きいポリフェノール・ケルセチンは、コレステロールの代謝を促し、血液をサラサラにする働きがあるのですが、熱に弱いため、効果を期待するときは生食がおすすめです。

※玉ねぎは、正確には、根菜ではなく、茎の部分が生長した鱗茎（りんけい）です。

時には、皮も使います

〝玉ねぎおじちゃん（p14）〟の畑で、玉ねぎを育てるお手伝いを始めてから、玉ねぎのことが、さらに愛おしくなって、皮も捨てたくないなあと思うようになりました。そこで、お茶にすることにしました。無農薬の玉ねぎの皮をきれいに洗って陰干し。皮がカラカラに乾いたら、番茶と一緒に炊きます。

わが家では、朝一番に番茶を沸かします。番茶だけではなく、庭の野草を乾燥させたもの、いただいたお茶も一緒にブレンドします。季節によって、フレッシュハーブを入れることもあります。このブレンドに、今では玉ねぎの皮も加わりました。

日によって微妙に味わいが異なる、その日だけの〝一期一会の番茶〟を楽しみます。こんな日常が、台所を預かる私たちの、朝のささやかな楽しみなのです。

玉ねぎの皮入り番茶

一服の幸せ。身体が温まり、リラックスできるお茶です。

玉ねぎの皮について、文教大学健康栄養学部教授・井上節子先生は、高い抗酸化作用があり、脳の酸化を防ぐ働きがあると発表されています。（編集部注）

芯も捨てずに使いたい

玉ねぎの芯の部分は、芽がでてくる生長点です。盛んに細胞分裂を繰り返す、エネルギーに満ちた、栄養豊富なところ。捨ててしまっては、もったいない。ていねいに切り分けて調理すると、食べる時に違和感を感じることはありません。玉ねぎの回し切りは、芯の部分も無駄にせずに切ることができる切り方。みじん切りや、回し乱切り（p20）のときも芯まで刻んで料理します。

「繊維にそって切る」と、シャキシャキとした食感が残り、加熱しても形がくずれにくくなります。重ね煮で火に30分以上かけても、形が残ります。回し切りは、繊維にそって切るので、切る時に涙がでるほどの刺激を受けることは、ありません。

「繊維を断ち切る」切り方は、細胞を断つことで、火を通すと水分（旨み）が外にでやすくなるため、旨みを感じやすくなります。

旨みの調整は使用する油の量で加減ができ、調理の幅が広がります。料理それぞれにふさわしい味わいを追求できます。

繊維を断ち切る切り方を追求することで、「白いポタージュ」（p19）、そして「野菜の力を知るベジシチュー重ね煮」（p116）が生まれました。〝玉ねぎのだし〟がいい仕事をして、ブイヨン不使用でも美味しいスープができあがります。

繊維にそって切る／回し切り

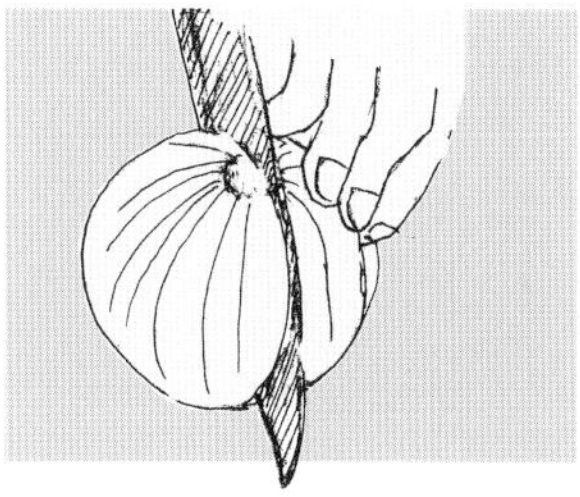

1

繊維にそって半分に切る。

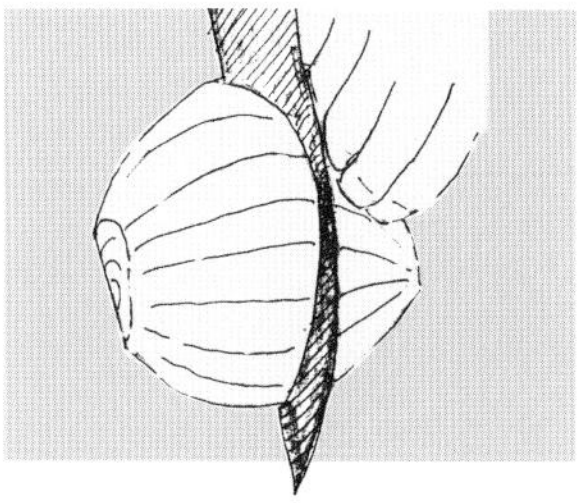

2

繊維に直角に切って、上下を2等分する。

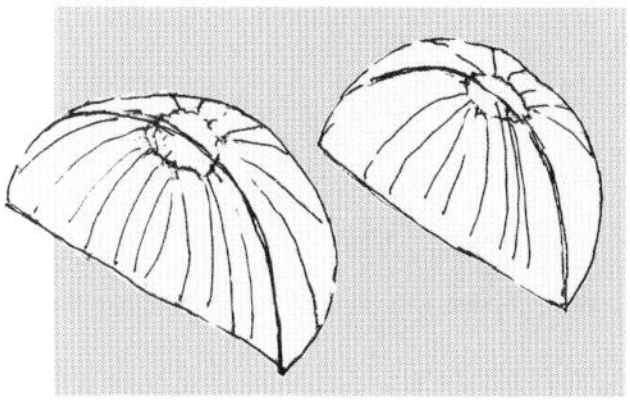

3

頭、芯の部分を、ともに上にしておく。

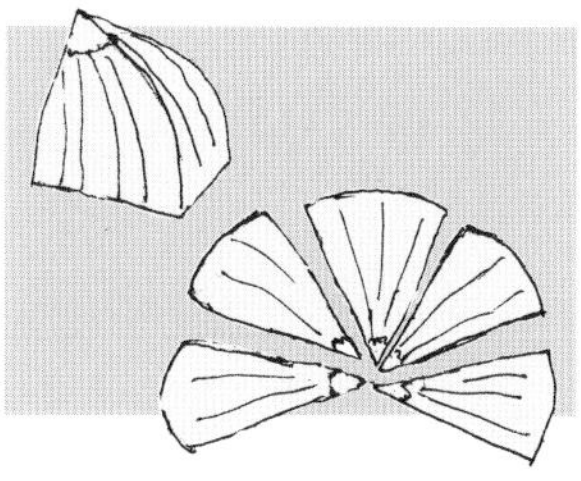

4

放射線状に玉ねぎの繊維にそって包丁を入れる。

繊維を断ち切る

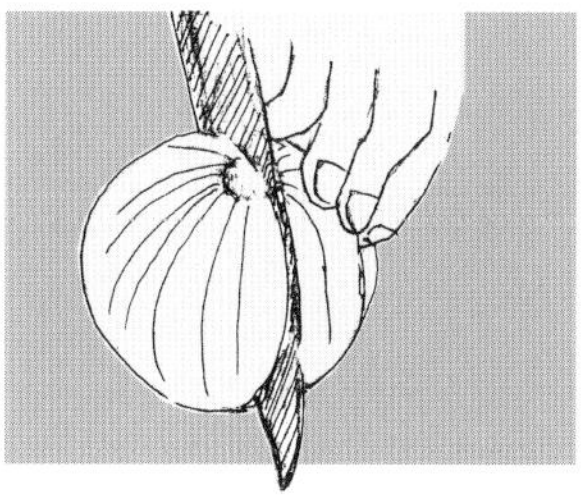

1

繊維にそって半分に切る。

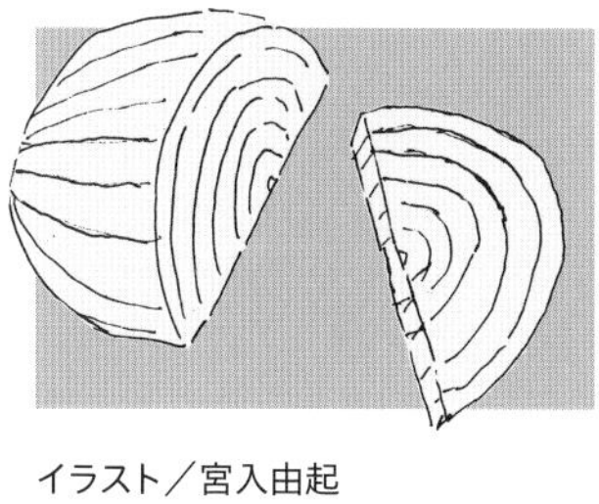

2

繊維に直角に切る。

イラスト／宮入由起

オニオンじゃこサラダ

わが家の定番サラダです。水にさらすのではなく、ざるにしばらくおいて空気に玉ねぎをさらします。水よりも空気がいい仕事をしてくれます。テーブルに運んで、皆が食卓を囲んだら、熱々のカリカリじゃこをジューと一気にかけ、ポン酢をかけて合わせる。出遅れると大変、あっという間になくなります。包丁ならではの切り口も美味しさの秘密ですが、時間がないときはスライサーを使って、この美味しさを、ぜひ一度お試しください。

材料（2人分）

玉ねぎ……中～大１個
ちりめんじゃこ……15g
揚げ油……大さじ3
ポン酢……適量
青じそのせん切り（好みで）……適量

作り方

❶ 玉ねぎは縦半分にし、繊維に直角に薄切りにする。ざるにのせ、空気に30分ほどさらす。
❷ フライパンに揚げ油を入れて熱し、ちりめんじゃこを加え、カリカリになるまでじっくりと素揚げをする。
❸ ①の玉ねぎを大きめの器に入れ、食べる直前に熱々の②をジュッと回しかける。好みで青じそのせん切りを混ぜ合わせ、ポン酢をかける。

白いポタージュ

市販のスープの素などを使っていないのに、深い味わいのスープです。冷製にしても美味。その秘密は玉ねぎの繊維を断ち切って行なうオリーブオイル蒸しにあります。時々、蓋をあけて蓋の水分をしっかり鍋の中に落とすと、焦げることなく、白く美しいスープに仕上がります。

玉ねぎの旨みを最大限に活用

白いポタージュの①から⑤の工程で作る、「玉ねぎのオリーブオイル蒸し」は、旨みの素として、いろいろな料理に生かせます。冷蔵で3～4日保存可能です。

玉ねぎのオリーブオイル蒸しが登場するリスト

p45　「里いもポタージュ」
p116「野菜の力を知る ベジシチュー重ね煮」

材料（2人分）

玉ねぎ……中1個
オリーブ油……大さじ1/2
塩……ひとつまみ
水……200㎖

作り方

❶ 玉ねぎは縦半分にし、繊維に直角に薄切りにする。
❷ 鍋に①、オリーブ油を入れ、菜箸でよく混ぜ合わせる。
❸ 油が全体にまわったら塩を加え、再びよく混ぜ合わせる。
❹ 火をつけ、弱火でしんなりするまで炒める。
❺ 蓋をして10～12分を目安に蒸し煮にする。2～3回、蓋をあけて蓋の水分を鍋の中に落とす。
❻ 玉ねぎが透明になったら、水を加えて火を止める。
❼ 粗熱が取れたらミキサーに入れ、なめらかになるまで撹拌する。

回し乱切り

回し切りとは異なる食感を楽しむことができます。かねてより師事している福岡・久留米の靏久ちづ子先生から、昔から毎日の生活の中で実践されている切り方を教えていただき、「回し乱切り」が生まれました。玉ねぎほど、切り方で食感や味わいが大きく変わる野菜は、ほかにないように思います。

1

玉ねぎの皮をむいて、縦半分に切る。

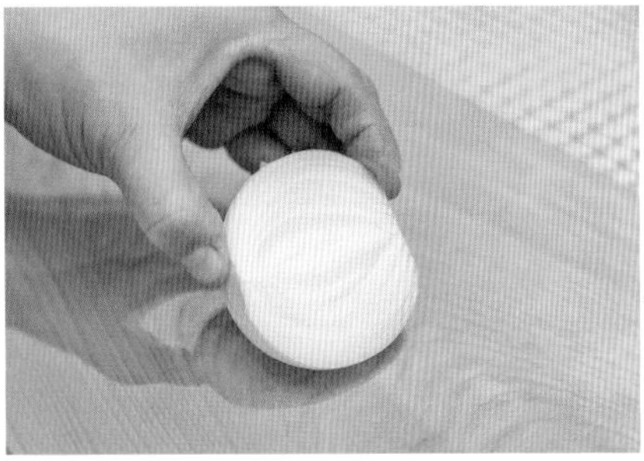

2

半分に切った玉ねぎを、切った断面が上になるように持つ。

3

包丁を向こう側に斜めに入れて切る。

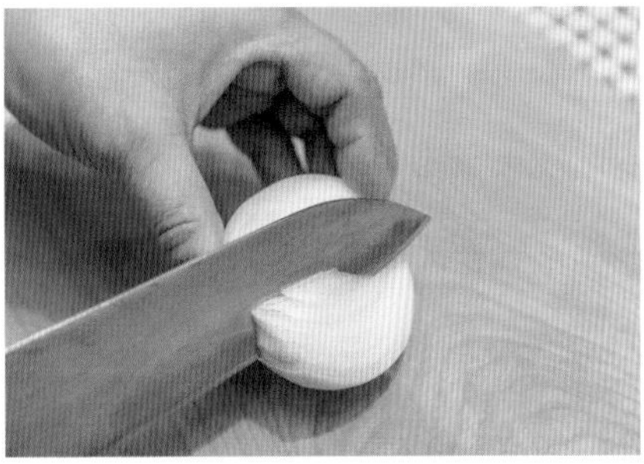

4

つづけて、包丁を手前側に斜めに入れて切っていく。

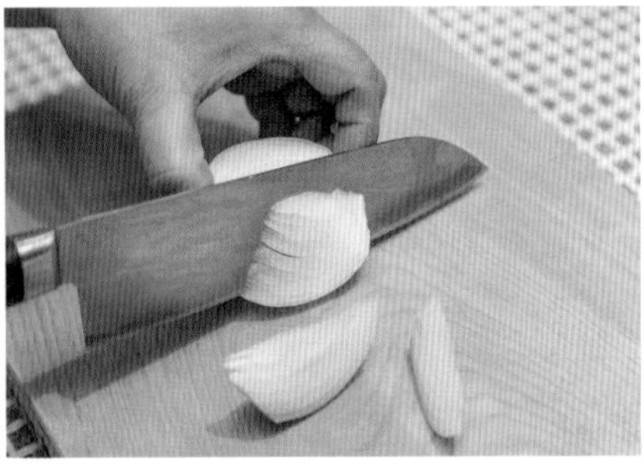

5

玉ねぎに添えている手は、包丁を入れやすいように玉ねぎの丸みにそって動かす。

玉ねぎ丼

こちらも私に元気をくれる玉ねぎ丼です。麩を鶏肉やひき肉に変えてボリュームアップもできます。昆布だしがないときは、水でOK。玉ねぎをたっぷり入れると、だしの役割も果たしてくれるのです。

材料（2人分）

玉ねぎ……中1個
もち麩……適量
卵……2個
昆布だし……400㎖
塩……ひとつまみ
しょうゆ……大さじ1
みりん……大さじ1
ご飯……適量
海苔・三つ葉（あれば）……適量

作り方

❶ 玉ねぎは回し乱切りにし、フライパンに入れて塩を振る。蓋をして弱火で約3分蒸し煮にする。玉ねぎの表面が透明になってきたら、昆布だしを加え、玉ねぎがやわらかくなるまで煮る。
❷ もち麩を加え、しょうゆ、みりんで調味する。
❸ 卵は割りほぐし、②に流し入れて軽く火を通す。
❹ どんぶりにご飯を盛り、③をのせる。好みで、食べやすい大きさに切った海苔と三つ葉を添える。

玉ねぎの葛煮

ツルトロの玉ねぎ。心が疲れて涙を流してしまいそうな夜に食べたくなります。体の芯までじんわりと美味しさが染み込み、心まで温まります。私に元気をくれる、心強い料理です。

材料（2人分）

玉ねぎ……中1個
昆布……5㎝角1枚
水……400㎖
塩……ひとつまみ
しょうゆ……小さじ1/2
水溶き葛粉　葛粉……10g
　　　　　　水……30㎖

作り方

❶ 玉ねぎは回し乱切り（p20）にする。
❷ 鍋に昆布を敷き、水、塩、玉ねぎを加えて、玉ねぎがしっかりとやわらかくなるまでコトコト煮る。しょうゆで調味する。
❸ ②の鍋によく溶いた水溶き葛粉を回し入れ、全体をゆっくり大きく一混ぜする。

にんじん

人参
carrot

おいしく栄養豊富な時期

冬にんじん11月～12月
春夏にんじん4月～7月

おもな働き

身体を温め、血行を促進。鉄分を多く含み、貧血など虚弱体質からの回復が期待できる。豊富なβカロテンは老化や生活習慣病を予防。

ポイント

皮がつやつやして、全体に重みのあるものを選ぶとよい。保存は乾燥した冷暗所に常温で。含まれるβカロテンは、抗酸化作用が強く、免疫力を高めます。βカロテンは、油で調味すると吸収しやすくなります。注意したいのは、ビタミンCを破壊する酵素・アスコルビナーゼを含んでいるので、にんじんと一緒に調理する食材からビタミンCをきちんと摂りたいときは、加熱調理または酢やレモン汁をかけて酵素の働きを止める工夫が必要です。

菜箸でクルッと生長点を掃除

にんじんも、栄養成分は皮のすぐ下に多く集まっているので、できるだけ皮をむかずに食べたいです。

葉と根の境目にあるのは生長点。生長促進因子が多く集まっている、生命力の強いところです。こちらも切り落として捨ててしまわずに、食べたい部分です。美味しくなさそう、かたそうと思う方は多いと思いますが、そんなことはありません。菜箸で溝の汚れをこそげながら、クルクルと何周か動かして掃除してください。とてもきれいに汚れが取れます。

きれいに掃除をして、せん切りにすると、生長点を含んでいるところは、オレンジ色から薄い緑、さらに濃い緑色へと、見事なグラデーションを見せてくれるのです。思わずうっとりしてしまうほどの色合いです。にんじんの生命力がギュッと詰まっている部分は美しく、そして美味しいです。

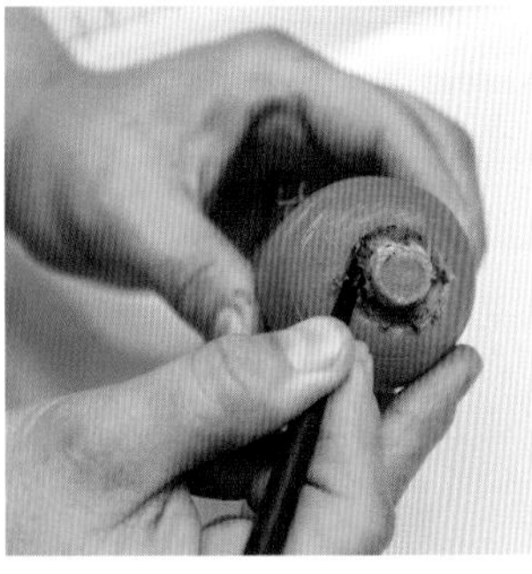

菜箸の先を溝に入れて、ゴシゴシと汚れをこそげる。

上側は汚れを取り始めた状態、下は汚れがついたままの状態。

にんじんの葉の活用

にんじんの葉は香りがよく食欲をそそります。茹でるとさらに美味しい香りとなります。ビタミンCやカルシウムも豊富です。

天ぷらやおひたしにするなど、料理のバリエーションもあります。すぐに調理できないときは、サッと茹でて、塩をしてトントンと刻んで保存しておくと便利。ポイントは、切る時に、包丁の刃で、にんじんの葉の間に塩を刻み込むことです。

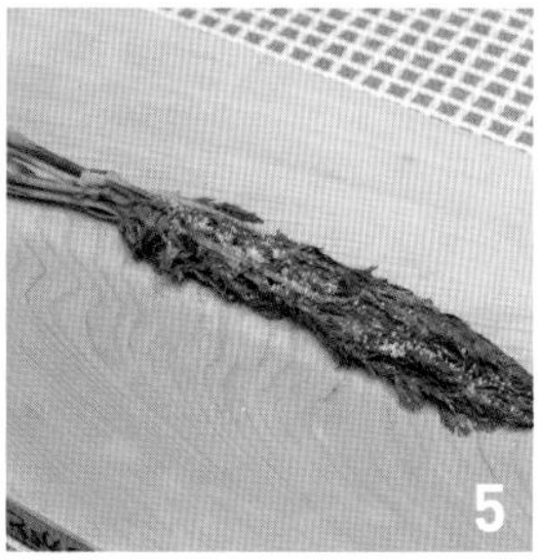

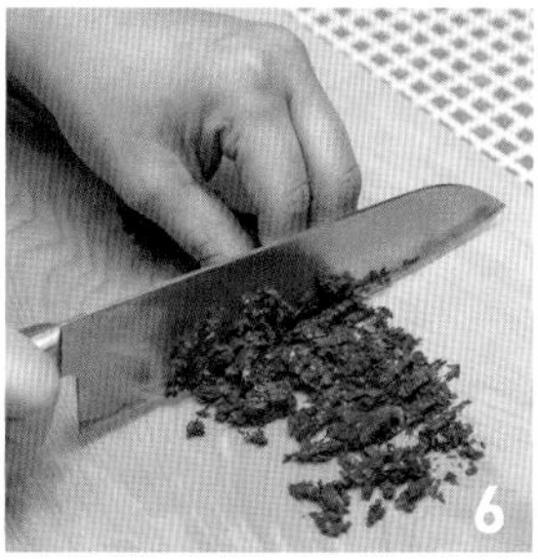

材料

にんじんの葉……10本分
（1本から可能です）
塩……適量

作り方

❶ フライパンにたっぷりの水、塩ひとつまみを入れて火にかける。
❷ 沸騰したら、にんじんの葉を葉先から入れてしっかりと茹でる。
❸ ざるにあげて粗熱を取る。
❹ にんじんの葉の水分をきる。
❺ まな板に、にんじんの葉をおいて一筋の塩を振る。
❻ にんじんの葉と塩を一緒に包丁で細かく刻む。

保存は、⑥のにんじんの葉を小分けして、冷凍保存容器に入れて冷凍保存。

にんじんの葉のご飯

材料（2人分）

ご飯……適量
調理済みのにんじんの葉……適量
すり白ごま……大さじ1

作り方

❶ ボウルに炊きたてのご飯、すりごま、にんじんの葉を入れて一緒に混ぜ込む。

にんじんの葉だけでも十分ですが、ごまのほか、ちりめんじゃこ、青じそなどを組み合わせるのもおすすめです。チャーハンなど、熱々のご飯に混ぜるときは、冷凍のまま使用することができます。

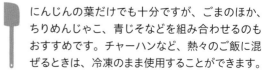

〝海老〟にんじん

海老? にんじん? どっち? ―この不思議さに食卓の会話も弾みます。海老フライのように見せるポイントは、海老のしっぽを作ること。しっぽになる部分には、パン粉をつけずに、ほんの少し焦げ色がつくように、揚げます。これで仕掛けは完璧です。にんじんを蒸してから揚げる、この調理工程がこの料理の美味しさを引き出しています。器に盛り付ける時も、海老に見立てる工夫を楽しみます。

材料(2人分)

にんじん……1本
塩……ひとつまみ
溶き衣　小麦粉……大さじ3
　　　　水……大さじ3
パン粉……適量
揚げ油……適量
キャベツやパプリカなど好みの野菜……適量

作り方

❶ にんじんは細長い乱切りにする。鍋に入れて塩を振り、蓋をしてにんじんがやわらかくなるまで蒸す。
❷ ①によく溶いた衣、パン粉の順につける。海老に見えるようにしっぽの部分にはパン粉をつけない。
❸ 180℃の油に②を入れ、きつね色に揚げる。
❹ 器に海老フライのように盛り、キャベツやパプリカなどをせん切りにした野菜を添える。

にんじんまるごとステーキ

蒸し器は野菜に魔法をかけます。60分、蒸しつづけることで出合える甘みがあります。時間はかかりますが、蒸し器に入れたあとは鍋にお任せ。にんじん1人1本、あっという間に完食です。今日はどんなハーブを一緒に合わせてみようか、こんなスパイスにしよう、油の種類を変えてみようなど、その日の気分で楽しみます。紹介したレシピ以外に、ごま油で焼き上げて、粉山椒でいただくのも気に入っています。

材料（にんじん3本分）

にんじん……3本
オリーブ油……適量
塩……ひとつまみ
ハーブ（タイム）……各適量
※好みのハーブでOK。

作り方

❶ にんじんはよく洗い、蒸気の上がった蒸し器に入れて塩を振り、60分ほど蒸す。
❷ 火が通ってやわらかくなったらオーブンの鉄板に並べる。オリーブ油、ハーブを振り、220℃のオーブンで10分ほど、表面に焦げ目がつくように焼く。

※オーブンがないときは、フライパンで仕上げの焼き色をつけてください。

だいこん

大根
japanese radish

おいしく栄養豊富な時期

11月~3月

おもな働き

消化酵素ジアスターゼやオキシターゼによって、胃腸の働きを整え、消化を促進。辛み成分は血栓を防ぐほか、解毒作用も期待できる。

ポイント

葉の色が鮮やかな緑で、みずみずしく、ずっしりと重みのあるものを選ぶ。ジアスターゼなどの消化酵素は熱に弱いので、効果を期待するときは生で食すのがおすすめ。葉にはβカロテン、ビタミンB_2、E、カルシウム、食物繊維が多く、油で炒めるとβカロテンやビタミンEの吸収率がUP。大根の首の部分には消化酵素が多く含まれるので大根おろしやサラダ、中央は煮物、先端は辛みが強いので薬味にするのがおすすめ。秋から冬にかけて大根は甘みが増し、春を過ぎると辛みがやや増します。

葉っぱ、ポイ捨てしないで

大根の葉にも、にんじん同様、根の部分に劣らないくらいの栄養があります。大根売り場の前にあるゴミ箱に、葉が捨てられるのを見ると残念で仕方がありません。

大根の葉を茹でると、葉がうれしそうにパッと鮮やかで透明感ある緑色に変わります。その葉を刻んで、おみそ汁やご飯に混ぜるだけでも十分。

また、1週間ぐらい天日干しをした大根の葉は、体を温めてくれるアイテムになります。寒さの厳しい日に、天日干しした大根の葉で作る自家製入浴剤も、お試しください。

大根を天日干しして作る切り干し大根は、水分が抜けて旨みが凝縮されているだけでなく、生の大根よりもカルシウムは20倍以上、食物繊維は15倍以上、鉄分も40倍以上と栄養がアップしています。ぜひ活用したい食品です（p112で使用）。

大根の葉を干す

今回のくたくた煮に使用した、一昼夜風に当てたもの。

1週間干したもの。おみそ汁に入れると美味。

自家製入浴剤の作り方／大根干葉湯

1週間干した大根の葉を鍋に入れてしっかり炊きだす。大根葉の煮汁をお風呂の湯に加えると、身体の芯まで温まります。

大根の葉を冷たい風に一昼夜さらすと、驚くほど甘みが増します。調味料はしょうゆだけ、素材本来の美味しさを味わいます。葉にはビタミンCやカルシウムが、ほうれん草の5倍強もあります。

干し大根葉のくたくた煮

材料（2人分）

大根の葉……１本分
しょうゆ……適量

作り方

［前日］

❶ 大根の葉は一昼夜、冷たい風に当てる。

［当日］

❷ ①は 3cm長さの食べやすい大きさに切る。
❸ 鍋に②を入れ、たっぷりの水を加えてコトコト煮る。途中で水がなくなったら足す。
❹ 葉がやわらかくなったら、しょうゆで調味する。

ササっとできる、わが家の定番おかずです。大根の葉に、ちりめんじゃこ、豆腐を合わせたおかずに、ご飯がどんどん進みます。お好みのひき肉を加えると、男子高校生も満足のボリュームになります。

大根葉と豆腐のじゃこ炒め

材料（2人分）

大根の葉……１本分
ちりめんじゃこ……30g
豆腐……100g
オリーブ油……大さじ１～2
塩……小さじ1/4
しょうゆ……適量

作り方

❶ 鍋にたっぷりの水を沸騰させて塩を加え、大根の葉を入れて色あざやかに、やわらかくなるまで塩茹でする。
❷ ざるにあげて水気をきり、3cmほどの長さに切る。
❸ フライパンにオリーブ油を熱し、ちりめんじゃこを入れて炒める。香りが立ったら豆腐をくずしながら加え、さらに炒める。
❹ 全体がなじんできたら②を加え、塩、しょうゆで調味する。

わが家のふろふき大根

家族で食べるときは気取らず、皮はむかずに、面取りもしません。鍋を火にかけたら、あとは鍋にお任せ。時々気にかけるだけです。一緒に炊いてできた〝おかゆ〟にも注目、おなかに優しい一品です。

材料（作りやすい分量）

大根……1本
米……大さじ2
昆布……使用する鍋底と同じ大きさの昆布1枚（約5㎝×8㎝）
田楽みそ……適量（作り方p139）
ゆずの皮（あれば）……適量

作り方

❶ 大根は3㎝厚さの輪切りにする。
❷ 鍋にたっぷりの水、①、米を入れ、沸騰するまで強火で炊く。沸騰したら中火にし、米がしっかり浮いてくるまで炊く。
❸ 火を止め、そのままの状態で常温になるまでおく。
❹ 別の鍋に昆布を敷き、③の大根をおく（米粒は除く）。かぶるくらいの水を入れ、弱火でコトコト30分ほど煮る。
❺ 器に盛って田楽みそをのせ、あれば、ゆずの皮を飾る。

ふろふき大根が余ったら

揚げ出し大根

材料（2切れ＝2人分）

わが家のふろふき大根……2切れ
揚げ油……適量
大根おろし……適量
キムチ（あれば）……適量
煮汁　昆布だし……100㎖
　　　塩……ふたつまみ
　　　しょうゆ……小さじ1/2
溶き衣　小麦粉……大さじ2
　　　　水……大さじ2

作り方

❶ 小鍋に煮汁の材料を入れて一煮立ちさせる。
❷ ふろふき大根はよく溶いた衣にくぐらせる。170℃の油で、表面がきつね色になるまで揚げる。
❸ 器に盛り、大根おろし、あればキムチ（写真は野沢菜キムチ）をのせ、熱々に熱した①を張る。

大根のシンプルスープ

大根を角切りにする、すりおろす。この2種の違う切り方を組み合わせることで、2つの食感を楽しむスープができあがります。食感も味わいの重要なポイントです。ほんの少しの工夫で、シンプルなスープの味わいに深みが加わります。すりおろした大根の旨みに、私は一目置いています。この組み合わせで生まれる大根のハーモニーは、お気に入りの味です。大根の葉を仕上げに飾って、彩りに緑をプラス。

材料（2人分）

大根……200g
昆布だし……400㎖
ごま油……小さじ1
塩……ふたつまみ
しょうゆ……小さじ1/2
大根の葉（あれば）……適量

作り方

❶ 大根100gは7㎜角に切る。大根100gはすりおろして大根おろしにする。
❷ 鍋に7㎜角に切った大根、ごま油の順に入れてよく混ぜ合わせる。塩ひとつまみを加えて中火にかけ、さらに混ぜ合わせる。ジリジリと水分のでてくる音がしたら弱火にして蓋をし、10分ほど蒸し煮にする。
❸ 大根に透明感がでて甘みがでてきたら、昆布だしを加えて温め、塩ひとつまみ、しょうゆで調味する。
❹ 器に盛り、大根おろし、あれば色よく茹でて小口に切った大根の葉を飾る。

ごぼう

牛蒡
burdock

おいしく栄養豊富な時期

11月~1月
4月~5月

おもな働き

滋養強壮の効果あり。食物繊維が腸内環境を整える、便秘を解消する。成分イヌリンが、血糖値上昇を抑える。尿の出を促す。カルシウムも多い。

ポイント

泥付きで漂白していないものを選びたい。保存は、泥付きのままのものは新聞紙に包んで冷暗所に、洗ってあるものは冷蔵庫に。食物繊維が豊富で、なかでもセルロース、リグニンは腸を整え、便秘を解消します。栄養や香りは、皮の部分に詰まっているので、たわしで洗う程度に。アク抜きは旨みが逃げます。水にさらした時にでる色は、ポリフェノールです。旨みだけでなく栄養成分も抜けます。色が気にならない料理のときは、そのまま使用を。

アクはポリフェノール

ごぼうのアクの正体はポリフェノール。正体が分かるとアクも大切にしたくなります。

ごぼうに含まれるポリフェノールは、タンニン、クロロゲン酸、サポニンなどで、身体にはいいけれど、味わいにくせがあるため、アクと呼ばれます。このアクを、調理の工夫で、旨みに変えます。

基本となる方法は、この本で紹介している、ごぼうを重ね煮する前に行なう一手間です（p81・82）。重ね煮をする前に、ごぼうの梅酢蒸し（梅酢がない場合は塩を使う）を行なってアクを旨みに変えます。一度ごぼうを鍋から取り出し、その後に野菜を重ねます。

ごぼうの梅酢蒸しの工程を行なった重ね煮と、梅酢蒸しを行なわず作った重ね煮、ごぼうを水にさらして作った重ね煮、この3つの味を比べると、味わいの深さに大きな差を感じます。梅酢蒸しをした重ね煮の美味しさを、あらためて感じるのです。

ただし、水にさらさずに調理するとできあがりの色は、くすんでしまいます。ハレの日のお料理など、彩りを白く鮮やかにしたいときは、水にさらすのがいいと思います。アクを「抜いてはいけない」、「抜くべき」と決めるのではなく、ごぼうの種類、料理にあわせて臨機応変に対応できると料理が楽しくなります。

ごぼうのきんぴらサラダ

茶色のごぼうに、オレンジ色のにんじん、つやつやの黒豆を合わせると、パッと華やぐサラダになります。黒豆だけでなく、大豆や小豆などでもOK。高級感のある味わいに仕上げたいときは、柑橘類の実を加えるがおすすめです。

材料（4人分）

ごぼう……1本
オリーブ油……大さじ1
バルサミコ酢……小さじ2
しょうゆ……小さじ1
塩……小さじ1/2
［彩野菜］
にんじん……40g
黒豆の水煮……30g（乾燥15g）

作り方

❶ 黒豆（乾燥）は豆の重量の3倍量の水を入れた鍋に一晩（6時間ほど）浸水する。鍋の中で豆が踊らないようにコトコト30〜40分やわらかくなるまで炊く。
❷ ごぼうは洗ってせん切りにする。にんじんもせん切りにする。
❸ 鍋にごぼうを入れ、オリーブ油を回しかけて菜箸でよく混ぜる。
❹ 塩、しょうゆ、バルサミコ酢を入れ、再び菜箸でよく混ぜ合わせたら、蓋をして弱火で蒸し煮にする。時々、蓋をあけて混ぜる。（※）
❺ ごぼうが好みのやわらかさになったら火を止める。蒸し時間の目安は10〜12分ほど（ごぼうによって調整を）。ボウルに入れて粗熱を取る。
❻ にんじん、①と和える。

※ごぼうのアクを旨みに変える方法のひとつです。

作り方③、④、⑤はごぼうのアクを旨みに変える工程です。バルサミコ酢を使用して、ごぼうに味付けもしています。重ね煮に使用するごぼうのアクを旨みに変えるときは梅酢を使います（p81など）。梅酢の塩分が大切で、味付けではありません。ごぼうの梅酢蒸しをしてから、ほかの野菜と一緒に重ね煮をするため、梅酢蒸しで火を通しすぎないようにします。

ごぼうの梅煮

ごぼうの梅煮は、一度にたくさん作って常備菜にするのもおすすめです。冷蔵で5~6日保存可能です。梅干しのちからで、さわやかなあっさりとした味わいになっています。箸休めとして食卓に少しあると、ホッとします。梅煮を作る時、わが家では、ストーブの上に鍋をかけてコトコトしています。香りも楽しむことができるのです。上手に仕上げるポイントは、ごぼうの太さを揃えることです。

材料（作りやすい分量）

ごぼう……2本
梅干し……2個（塩分20%の梅干し1個＝約18gを使用）
水……2ℓ

作り方

❶ ごぼうは3㎝長さに切り、太い部分は厚さを半分に切って全体の太さを合わせる。
❷ 鍋にごぼう、梅干し、水を入れて落とし蓋をし、弱火で3時間ほどコトコト炊く。途中で水分がなくなりそうになったら水を足し、竹串がスーと入るぐらいやわらかくなるまで炊く。

韓国尼さん直伝！ごぼうのチヂミ

韓国の尼寺で教えていただいた料理です。ごぼうをこのように扱うのは初体験でした。韓国の方は、どんな食材でもチヂミに仕上げる天才のようです。新しい調理法との出合いは、私の感性を刺激してくれます。2種の油を使うコクと風味の調整もぜひ。

材料（直径22㎝のフライパン1枚分＝約4人分）

ごぼう……中2本
たれ　しょうゆ……大さじ1
　　　ごま油……大さじ1
　　　すり白ごま……大さじ1
生地　小麦粉……大さじ1
　　　水……大さじ1
　　　唐辛子粉（または七味）……小さじ1/4 ～1/2
　　　塩……ひとつまみ
焼き油……適量
（ごま油：菜種サラダ油＝1：1の割合で混ぜたもの）

上は長さを3等分したごぼう。真ん中はごぼうの中央までに切り込みを入れたところ、下は蒸したあとに切り込みを開いたところ。

作り方

❶ ごぼうは表面を優しく洗い、長さを3等分にする（フライパンの大きさに合わせて切る）。3等分にしたごぼうは、中心まで縦に切り込みを入れる。切り落とさないよう気をつける。
❷ 蒸気が立った蒸し器に①を入れて、完全にやわらかくなるまで30分ほどじっくり蒸す。
❸ ボウルに、たれの材料を混ぜ合わせる。別のボウルに生地の材料を混ぜ合わる。
❹ 蒸した②の切り込みを開き、まな板の上に皮目を下にしておく。麺棒で叩いて繊維を伸ばす。
❺ たれをごぼうの繊維に染み込ませるようにぬる。
❻ フライパンに焼き油を温め、皮目を上にごぼうを入れる。フライ返しでごぼうをフライパンに押し付けながら、焦げ目がつくように焼く。
❼ 焦げ目がついてきたら、スプーンで生地をごぼうの上にのばす。裏返してもう片面もきつね色になるよう、焼き上げる。
❽ 器に盛って、食べやすく4等分に切って取り分ける。

れんこん

蓮根
lotus root

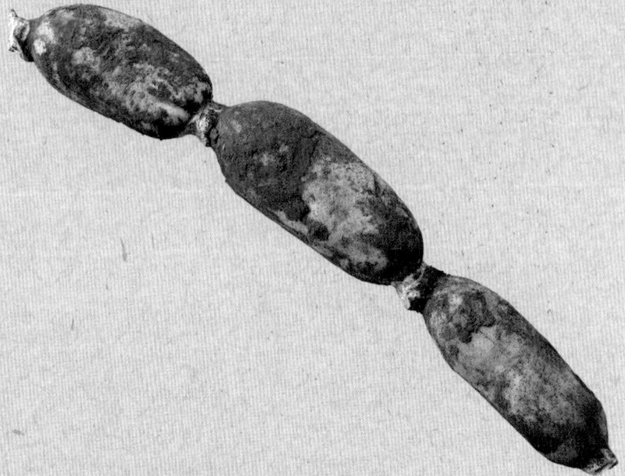

おいしく栄養豊富な時期

11月~3月

おもな働き

滋養強壮。成分のタンニンは咳を改善する効果がある。ムチンも豊富で、便秘の改善や粘膜、胃の保護も。貧血の予防も期待できる。

ポイント

れんこんは切るとすぐに変色します。それはポリフェノールの一種タンニンによるものです。タンニンには抗酸化作用、消炎作用などがあります。喉が痛いときにれんこん湯を飲むとよいといわれるのもこのためです。保存するときは、れんこんの穴の中に空気が入らないように密封して冷蔵庫で。切り口が茶色く変色しておらず、重みのあるものを選ぶ。土を落としたときに残る皮の茶色は、れんこんの鉄分が酸素に反応したもので泥ではありません。

食卓への登場を増やしたい

れんこんの穴のあいたその姿は、とてもユニークです。穴の向こう側を覗けることから、〝見通しが明るい〟と、縁起物としても重宝されてきました。

れんこんが育つ泥の中は、土の中より酸素の量が不足しているため、れんこんは、葉で取り込んだ酸素を、茎や根に送ります。その通気孔が、大きな穴なのです。この穴が料理にも工夫を生み出しました。辛子れんこんは、その中でも代表です。

れんこんは、じつは、焼いてよし、煮てよし、揚げてよしの万能選手で身体に大切な栄養も豊富です。食卓への登場回数をもっと増やしたい食材なのです。

れんこんの産地は日本各地にありますが、産地によって表情はまったく異なります。ムチムチ感の違いは品種もあるとは思いますが、畑の土にもよるのではとも思っています。

れんこんチップ

揚げたてをひとつまみ。いちばん美味しい時を楽しめるのは揚げている人の特権。料理に添えたり、おやつにしたりといろんな用途に使えます。にんじんで作るチップもおすすめです。

材料（作りやすい分量）

れんこん……1 節
揚げ油……適量
塩……適量

作り方

❶ れんこんは薄切りにし、ざるにのせて 30分ほど空気にさらす。
❷ 180℃の揚げ油に落とす。泡が少なくなり、れんこんが少し色づいたところで取り出す。
❸ 仕上げに塩を振る。

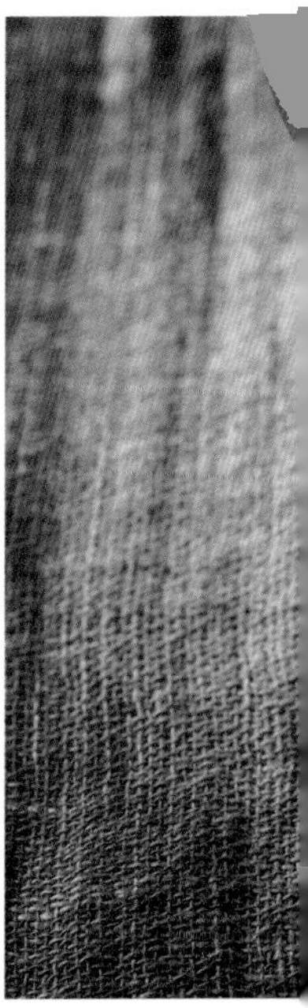

からだお助けスープ

材料（作りやすい分量）

れんこんの輪切り……2個（25～40g）
大根の輪切り……1 個（40～60g）
干ししいたけ……1個
水……800㎖
塩……少々

作り方

❶ 鍋に干ししいたけ、大根、れんこん、水を入れる。干ししいたけが戻るまでしばらくおく。
❷ 鍋に蓋をずらして隙間をあけておき、スープが蒸発してしまわないように気をつけながら、弱火で1時間ほど煮る。
❸ 煮汁が半分くらいになったら、塩を加える。器に汁のみを注ぐ。飲みにくいと感じるときは、しょうゆを数滴（分量外）をたらす。

れんこんのうなぎもどき

料理教室で人気のおかずです。ポイントは海苔に生地をのせたら、すぐにフライパンに入れること。直径22㎝のフライパンには、4個入りますが、ご家庭のフライパンの大きさに合わせて、一回の揚げ焼きの個数を加減してください。

材料（8個分）

れんこん……400g
玉ねぎ……1/2個（約100g）
長いものすりおろし……大さじ2
塩……小さじ 1/2
海苔（全型21×19㎝）……1と1/3枚
けしの実……適量
青じそ……適量
たれ　みりん……大さじ4
　　　酒……大さじ2
　　　しょうゆ……大さじ2
揚げ油……適量

作り方

❶ れんこんはすりおろし、軽く水気をきる。玉ねぎはみじん切りにする。
❷ 海苔は全型1枚を6等分に切る。残りの全型1/3枚を2等分に切る（全部で8枚作る）。
❸ たれを作る。鍋に酒、みりんを合わせて火にかけ、しっかりと煮切ってアルコールを飛ばしたら、しょうゆを加える。
❹ ボウルに①、長いものすりおろし、塩を加えて合わせ、生地を作る。
❺ 海苔1枚に④の生地を1/8量のせる。スプーンで線をつけて、うなぎの骨に見立てて作り、多めの油を入れたフライパンに海苔の面を下にして並べる。
❻ 4枚入れたら強めの中火で揚げ焼きにする。フライ返しで返して生地の面もさっと揚げ焼きにする。同様にあと4枚作り、揚げ焼きをする。
❼ 仕上げに③のたれに⑥をさっと通して器に盛る。けしの実を振り、青じそを添える。

れんこん葛まんじゅう

れんこんに葛の滋養を詰め込んだ、ちょっぴり贅沢なおやつ。本葛はイソフラボンが豊富で、身体を温め、体調を整えます。メイプルシロップまたはきなこをかけて、どうぞ。

材料（8個分）

れんこんのすりおろし……30g
本葛粉……40g
水……200㎖
砂糖（粗製糖）……20g
クコの実（あれば）……適量
メイプルシロップ（または、きなこ）……適量

作り方

❶ ボウルに葛粉、分量の水を入れて溶かす。
❷ 鍋に①、砂糖を入れて火にかけ、木べらで混ぜる。透明感が少しでてきたら、れんこんを加える。
❸ 全体につやが出るまで、しっかりと練り上げる。
❹ ラップを広げ、真ん中に③の1/8量をスプーンで落とす。茶巾にして輪ゴムでとめる。同じものを8個作る。
❺ ④を冷水につけて冷やし固める。
❻ 器に盛り、あれば、水で戻したクコの実を飾り、メイプルシロップをかける。

本葛の話

葛の根100キロからとれる本葛粉はたった7～10キロなのだそう。天然の純国産本葛100％、昔ながらの製法を守るお店が福岡県朝倉市にあります。手作業で原料の根を水でさらし、2～3か月陰干しした後に半年から1年ほどじっくり寝かせる。製造工程で、化学薬品、合成添加物の力に頼らず、手間を惜しまずに作ります。この葛粉を初めて食べた時、そのなめらかさと透明感のある味に驚きました。粘りのとてもいい葛粉です。根気のいるていねいな作業から生まれる本物を残していくためには、製造方法を知り、適正価格を理解することが大切だと思います。そのことが、伝統を守る第一歩につながるのだと思います。

ながいも

長芋
chinese yam

おいしく栄養豊富な時期

11月~3月

おもな働き

ビタミンB群、ビタミンC、カリウム、食物繊維、ムチンなどバランスよく含む。胃腸を活性化し消化をよくする。滋養強壮、便秘改善、肌荒れ予防の効果もある。

ポイント

やまのいもには、山野に自生する自然薯、人工的に栽培される長いも、大和いもなどがあります。いも類のなかでは、唯一、生で食べることができます。生で食すとシャキシャキ、熱を加えるとホクホクした歯ごたえと、異なった食感を楽しめます。ただし、消化酵素であるアミラーゼ、ガラクターゼの働きを期待するときは、生で食べるのがおすすめです。加熱したり、酢をかけたりすると働きが止まるからです。使いかけは切り口を包み、湿気を保つように新聞紙に巻いて冷蔵庫へ。

長寿を願う、縁起もの

長野県は長いもの産地で、郷土食にもたくさん使われます。縁起がいいと、お正月に「とろろ汁」をいただく習慣があります。とろろは長く伸びるので、長寿を願う思いがあるのでしょう。奈良県出身の私も、安曇野に来てから、たくさん長いもを食べるようになりました。

スーパーフードと呼ばれるくらい、長いもには滋養があります。中国では乾燥させた長いもが、整腸、滋養強壮、不老長寿の生薬として使われます。ねばねばのムチンは、粘膜保護作用があるので、風邪が流行する時期に、ぜひ摂りたい食材です。

長いもの下処理については、私はガスコンロで長いものひげ根を焼く処理が、けっこう好きです。水でぬれるとヌルヌルすべりやすくなるので、ぬらさないように工夫すると、扱いやすくなります。

ひげ根はコンロで処理

火をつけたコンロに長いもをおく

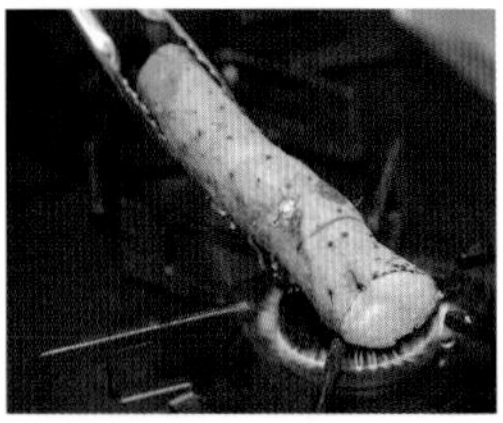

トングで360度回転させ、表面のひげ根を焼く

ひげ根が落ちた状態の長いも

長いもガレット

長いもとチーズがミックスされた香ばしさは、おかずだけでなく、おつまみや、おやつにも喜ばれる人気メニューのひとつです。じっくりと焼き上げることで、長いも特有のネバネバ、もっちりの食感が、パリッとした歯ごたえへと変わります。長いもをせん切りにするのが苦手という方は、便利調理器具などを利用すると、あっという間です。上手に活用してください。モロッコの旅で刺激を受け、作れるようになりました。

材料（直径18㎝のフライパン1枚分）

長いも……200g
パルメザンチーズ……適量
オリーブ油……少々

作り方

❶ 長いもは約4㎝長さの細いせん切りにする。
❷ フライパンに多めのオリーブ油を熱し、半量の長いもを入れる。チーズをのせ、その上に残りの長いもをのせる。
❸ 表面がきつね色になるまで中弱火でじっくり焼き、返して裏面も香ばしく焼き上げる。

長いもの蒸し物

和食のおもてなし料理を作るのは、かなり大変ではないかと構えてしまいがちです。でも、この料理は、長いもと卵白で、しっとりふんわりの上品な食感を手軽に作ることができます。しかも、意外に手早く仕上げられるのです。レシピでは、蒸し物の中に、きくらげを入れましたが、お好みの具材を楽しんでください。あんかけ料理のレパートリーに加えていただきたい一品です。

材料（6個分）

長いも……300g
卵白……1/2～1個分
きくらげ（乾燥）……3g
A（水：しょうゆ：酒＝10：1：1）
塩……少々
銀あん　かつおだし……100㎖
　塩……小さじ1/3
　薄口しょうゆ……小さじ1/2
　（しょうゆを使用の場合は小さじ1/4）
　みりん……小さじ1
　葛粉……大さじ1弱
わさび……適量
あれば銀杏……6個（銀杏の下処理方法p68）

作り方

❶ きくらげは水で戻し、せん切りにする。鍋にAの割合の煮汁を作り、きくらげを入れて火にかけ、煮汁が少なくなるぐらいまで煮る。
❷ 長いものひげ根はコンロで焼いて、蒸気の立った蒸し器に皮ごと入れ、完全にやわらかくなるまで15分ほど蒸す。
❸ 長いもの皮をむいて裏ごしをし、卵白を少しずつ加えて混ぜ合わせ、耳たぶぐらいのかたさになったら塩を加えて混ぜる。
❹ ③を6等分して中に①を入れて耐熱容器に入れる。
❺ 銀あんを作る。鍋に葛粉以外の銀あんの材料を入れて温め、最後に葛粉を加えてとろみをつける。
❻ ④を蒸し器に入れて10分ほど蒸し、銀あんをかける。

長いものうぐいす餅

信州で広く愛されているおやつ。一切、火を入れずに生地を仕上げます。長いも、きなこ、あんこ。1個で半日分の栄養補給ができます。主婦の方の考案、その知恵に感動です。

材料（12個分）

長いも……200g
塩……ひとつまみ
きなこ……120g
（このうち30gは仕上げ用）
砂糖（粗製糖）……大さじ1強
あんこ……適量

作り方

❶ 長いもは皮をむく。すり鉢に入れてこすりつけるようにしてすりおろし、塩を加える。
❷ ①にきなこ90g、砂糖を入れ、よく混ぜ合わせる。
❸ 全体がまとまってきたら、手でよくこね、ひとつにまとめる。
❹ ③の生地を均等に12個に、あんこも12個に丸める。
❺ 長いもの生地であんこを包み、バットに広げた残りのきなこの上で転がし、きなこをまぶす。

あんこを炊く

材料（作りやすい分量）仕上がり450g前後

小豆150g、水130㎖、砂糖（粗製糖）60g、塩ひとつまみ

作り方

❶ 小豆は洗い、3時間ほど浸水してざるにあげる。
❷ 鍋に分量の水と①を入れ、強火にかける。沸騰してきたら、吹きこぼれないように火を弱め、小豆が鍋の中で踊っている状態を保ちながら30分ほど煮る（小豆に水をしっかり吸わせる）。
❸ 豆が膨らんだら、弱火にして10分ほど煮る（沸騰させないくらいの火加減）。
❹ 火を止めて蓋をして10分ほどおいたら、かたいところがなくなるまで小豆を蒸らす。
❺ 粗製糖、塩を加えて再び火をつける（水分がないときは、水100㎖ほど加える）。
❻ 沸騰してきたら弱火にし、焦げつかないように木べらで小豆を練る。
❼ 15分ほど練り、とろっとしてきたら火を止めて冷ます。

里いも

里芋
taro

おいしく栄養豊富な時期

9月～11月

おもな働き

食物繊維の一種、ガラクタンが脳の細胞を活性化、免疫力を高める。ムチンには粘膜を保護する作用がある。カリウムが豊富で体内の余分な塩分を排出。

ポイント

おしりの部分が、ふかふかしていないものを選ぶ。ふかふかしていたら、傷んでいるサインです。保存は、泥付きのまま、新聞紙に包んで風通しのよいところにおきます。主成分は糖質で、でんぷんです。このでんぷんが、加熱すると糊化して、消化吸収しやすくなります。たんぱく質やビタミンB群、ビタミンCなども含んでいて、栄養が豊富です。カリウムも豊富で、体内の余分な塩分を排出してくれるため、高血圧予防の効果が期待できます。

皮で作る皮チップが美味

親いもを中心として、その周囲に子いも、孫いもと呼ばれる小さないもが、たくさん増えて育っていくことから、子孫繁栄を願う縁起のいい食材としても親しまれています。

里いもには、腸内環境を整える食物繊維・ムチンを豊富に含み、便通の改善や美肌づくりも期待できるので、女性の心強い味方でもあります。しかも、１００グラムあたり58キロカロリーと、意外に低カロリーなのです。免疫力を高める、粘膜を潤す力があるので、風邪の流行る時期にふさわしい食材です。

捨てるのが当然、と思いがちな皮にも、美味しく食べる方法があります。里いもの皮チップです。一度食べると、フライドポテトよりも好きになる人が多いのも特徴です。モジャモジャとしたひげのついた皮ですから、抵抗があるのはわかります。でもぜひ一度、揚げてみてください。皮と実の間に栄養だけでなく、美味しさもたくさん詰まっていることを実感できるはずです。

時々、皮チップを作りたくて、里いもの皮をわざと厚めにむいてしまうことがあります。皮を厚くむいてしまったときは、迷わず、その皮を使って里いもチップにしてください。

当たり前になっていることに、あらためて目を向けると面白い発見があります。

里いもの準備

洗って皮をこそげる

1

大きめのボウルに水をため、里いもを洗う。

2

スポンジやたわしなどで皮をこそげる。ヘチマを使うと、こそげやすい。

3

里いも全体の皮がこそげるまで行なう。

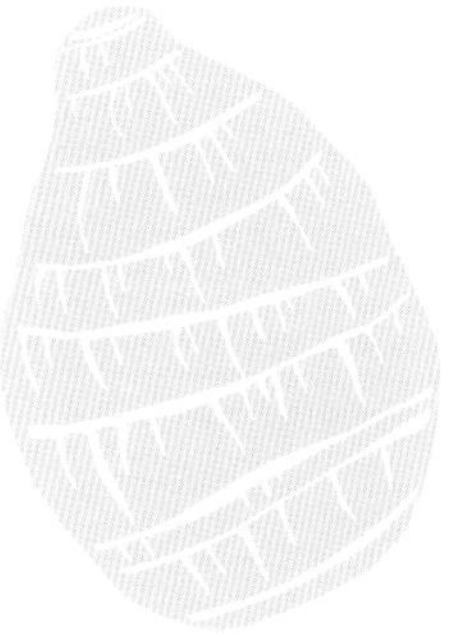

里いもの皮チップ

材料（作りやすい分量）

里いもの皮……4個分
塩……小さじ 1/2ほど
片栗粉……大さじ2～3
揚げ油……適量

作り方

❶ 里いもの土をしっかり洗い落とす。
❷ 皮を縦に厚めにむく。皮を下にしておき、塩を振って10分ほどおく。
❸ 水分がでてきたら片栗粉をまぶす。
❹ 170℃の油でからっと揚げる。

1

左側が皮についた土を落としたもの。

塩を振ると、表面に水分がでてきます。

里いもチーズトースト

パパっと手早くできる、濃厚なチーズトーストです。里いもで煮物を作ろうと思っていたのですが、なかなか作る時間をとることができずにいた、そんな時にひらめいたのが、このメニューでした。お昼ごはんにおすすめです。いも類は蒸しておくとすぐに食べられるので、煮物にする余裕のないときは、とりあえず〝蒸す〟。冷蔵庫で保管しておき、あとは、その時の気分でアレンジできます。

材料（トースト2枚分）

里いも……200g
好みのパン（掲載はライ麦パン）……２枚
生クリーム……大さじ1
塩……大さじ1/4
溶けるチーズ……適量
パセリ（あれば）……適量

作り方

❶ 里いもは洗って土を落とし、皮をむかずに蒸気の立った蒸し器に入れる。里いもがやわらかくなるまで20分ほど蒸す。
❷ ①の皮をむいて裏ごしをする（フォークでつぶしてもよい）。裏ごししたボウルに、生クリーム、塩を加えて調味する。
❸ パンに②の1/2量をぬり、溶けるチーズをのせる。同じものをもう一枚作る。
❹ オーブントースターでチーズが溶けるまで焼く。器に盛り、あればパセリを添える。

里いもポタージュ

蒸した里いもと玉ねぎのオリーブオイル蒸し（p19の作り方①から⑤）のストックがあれば、あっという間に手軽にできます。和風のイメージが強い里いもが洋風に仕上がります。固形や顆粒のスープの素は必要ありません。野菜の旨みだけで十分です。作り方②でできる玉ねぎのオリーブオイル蒸しは、冷蔵で3日ほど保存できます。スープの素として、ぜひ活用ください。

材料（2人分）

里いも……300g
玉ねぎ……1/2個（100g）
オリーブ油……大さじ1/2
水……150㎖
塩……小さじ1/4

作り方

❶ 里いもは洗って土を落とし、皮のまま蒸気の立った蒸し器に入れる。やわらかくなるまで20分ほど蒸したら、皮をむき、ミキサーにかけやすい大きさに切る。

❷ 玉ねぎは繊維に直角に薄切りにする。鍋に玉ねぎ、オリーブ油を入れ、菜箸でよく混ぜ合わせる。油が全体にまわったら塩を加えて、再びよく混ぜ合わせる。弱火にかけ、しんなりするまで炒める。蓋をして10〜12分を目安に蒸し煮にする。玉ねぎが透明になってきたら火を止める(p19玉ねぎのオリーブオイル蒸し参照）。

❸ ミキサーに①、②、水を入れ、なめらかになるまでしっかりと撹拌する。

❹ 鍋に③を入れて温め、塩適量（分量外）で味をととのえる。

じゃがいも

馬鈴薯
potato

おいしく栄養豊富な時期

5月~7月
9月~12月

おもな働き

ビタミンCが豊富で、鉄を含む食材と一緒に摂ると鉄の吸収をアップします。血管などの酸化を防ぐポリフェノールのクロロゲン酸は、皮に近いほど多く含まれます。

ポイント

世界中で栽培される、主食にもなる野菜は、一年中出回りますが、みずみずしい新じゃがは、初夏の特徴。脂質や糖質をエネルギーに変えるパントテン酸が豊富。体内の余分な塩分を排出するカリウムも豊富で、むくみの解消も。皮の部分にポリフェノールなど抗酸化作用の成分が多くありますが、芽の部分にはソラニンが含まれており、多量に摂取すると、下痢や腹痛、めまいなどの症状があらわれます。暖かいと芽がでやすいので冷蔵の野菜室で保管を。

食べられないところは除く

じゃがいもの芽とその根元や、光が当たって緑色になった皮には、天然毒素であるソラニンやチャコニンが含まれています。これは、じゃがいも自身が地中で動物にかじられたりしないようにするための防御なのです。人間は道具を使って芽を取り除いて食べることができるので幸せです。

野菜はなるべく丸ごと食べたいのですが、身体にとって毒になるところは、きちんと取り除きます。皮が緑色に変色していなければ、芽と根元を取れば、皮ごと使えます。皮にはビタミンB_2、カリウム、マグネシウム、食物繊維など栄養豊富ですので、上手に料理に生かしたいものです。

じゃがいもは、ビタミンCが豊富です。しかも、でんぷんに覆われているため、加熱しても壊れにくいのです。

世界中の家庭で食べられているじゃがいも、レパートリーは広いです。

1時間蒸してから揚げる。これが美味しさの秘密です。蒸す時間がないときは、炊飯器でご飯を炊く時に、お米の上に小さめのじゃがいもをのせてスイッチオン。さつまいも、とうもろこしにも使えます。

フライドポテト&スイートポテト

材料（作りやすい分量）

じゃがいも……３個
さつまいも……１本
塩……適量
揚げ油……適量
ローズマリー（あれば）……適量

作り方

❶ じゃがいも、さつまいもは皮ごと、蒸気の立った蒸し器に入れて１時間以上蒸す。
❷ ２種のいもを手で半分に割り、170℃の油に入れ、割れ目がきつね色になるまでまで上下を返しながら７～８分かけてじっくりと揚げる。
❸ 器に盛って熱いうちに塩を振り、あればローズマリーを添える。

火を通すのに時間のかかるものが多い根菜類でも、「すりおろす」と加熱時間がグンと短縮されます。焼き油は、ごま油と菜種サラダ油をミックスすることで、ごま油のコクの加減を上手に調整します。

じゃがいものチヂミ

材料（直径8㎝を3枚分）

じゃがいも……中２個
塩…小さじ1/4
焼き油（ごま油：菜種サラダ油＝１：１で混ぜる）
　ごま油……小さじ1/4
　菜種サラダ油……小さじ1/4
唐辛子（好みで）……適量
酢じょうゆ（好みで）……適量

作り方

❶ じゃがいもは皮をむいてすりおろし、布巾などに包んで水分を軽く絞る。
❷ ボウルに①、塩を入れて混ぜ合わせる。
❸ フライパンに焼き油をうすく引いて熱し、②の1/3量を入れ、両面きつね色になるように焼く。同様にあと２枚焼く。
❹ 器に盛り、好みで唐辛子、酢じょうゆを添える。

さつまいも

薩摩芋
sweet potato

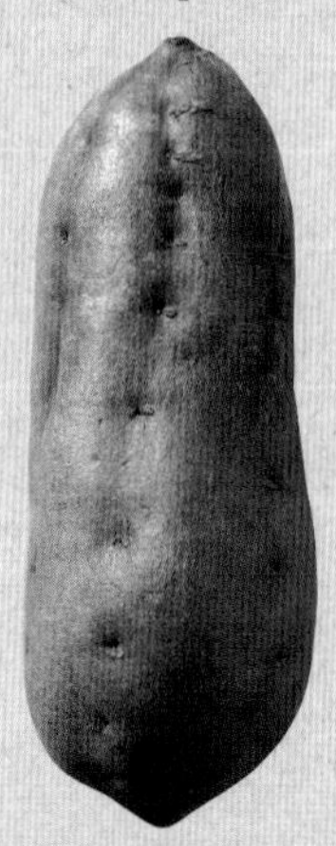

おいしく栄養豊富な時期

9月～11月

おもな働き

でんぷん、ビタミンC、カリウム、カルシウム、マグネシウムや食物繊維がたっぷり含まれ、腸の働きをよくし、便秘の改善も期待できます。

ポイント

表面がなめらかでつやのあるものを選ぶ。保存は新聞紙などに包んで常温で。蒸したり、焼いたりすることで、電子レンジでの高温・短時間加熱調理では引き出すことができない、甘みをしっかりと引き出すことができます。さつまいもには、でんぷんを分解して麦芽糖にする酵素アミラーゼが多く含まれ、50～60℃以下の加熱が長く続くほど、酵素作用によって甘みが増します。低温での加熱時間が短い電子レンジ調理では本来の甘さを味わうことができません。

じっくり加熱で甘みがアップ

さつまいもは、皮付きのまま蒸してください。蒸し時間が長いと躊躇しがちですが、蒸す時間＝旨みを引き出す時間。材料を入れたら、あとは鍋にお任せです。過剰に調味料を使わなくても、素材そのものの力で美味しくなります。わが家では、多めに蒸します。残りは冷蔵庫にストックしておき、炒め物やおみそ汁の具材に使います。

さつまいもの皮は火を通すと、色も鮮やかな紅色になります。料理に彩りを添えることもできます。

紅色の部分に、抗酸化作用の強いアントシアニンとクロロゲン酸というポリフェノールが豊富に含まれています。カルシウムも多い部分です。また、さつまいもを切った時にでてくる白い液は、ヤラピンという成分で、胃の粘膜を保護する、腸の運動を促進させる働きがあります。こちらも、皮の近い部分に多く含まれているといわれていますので、ぜひ、皮ごと調理したいものです。

野菜を丸ごといただくことで、私たちの体に必要なものを摂ることができるだけでなく、ゴミも減ります。野菜も喜んでくれるのではないでしょうか。シンプルに、さつまいもをじっくり蒸して、たくあんを箸休めに用意する。この王道の組み合わせは、最強です。

さつまいものオレンジ煮

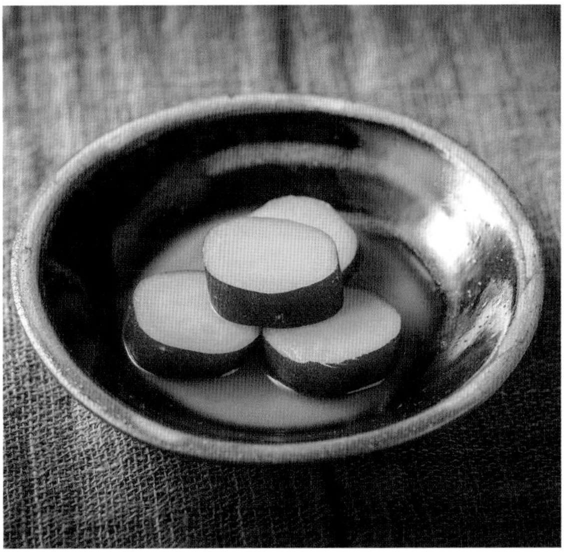

「子どもたちが美味しそうにパクパクとよく食べる」と好評なのがこちら。おやつにも、お弁当のおかずにも役立ちます。レーズンと好みのナッツ類を添えて、ヨーグルトをかけると、朝ごはんにもなります。

材料（さつまいも1本分）

さつまいも……中１本（約300g）
100%みかんジュース……300㎖
はちみつ（またはメイプルシロップ）……大さじ１前後

作り方

❶ さつまいもは輪切りにする。
❷ 鍋に①を入れ、①がしっかりとかぶるぐらいたっぷりのみかんジュースを加える。好みではちみつやメイプルシロップなどの甘みを加えてもよい。
❸ 中火でしっかりとやわらかくなるまで煮る。

さつまいもご飯

香り、色、甘みの加減、すべてよし。鍋でも炊飯器でも炊けます。さつまいもの半分はご飯に混ぜ込み、残りは緑の野菜と合わせて、ごま和えやマヨネーズ和えにすると、プラス一品ができます。

材料（米2合分）

さつまいも……中1/2本（150g）
米……２合（360㎖）
水……430㎖
塩……小さじ1/2

作り方

❶ さつまいもはさいの目に切る。
❷ 米は研いでざるにあげ、水気をきっておく。
❸ すべての材料を鍋に入れ、１時間ほどおいたら蓋をして強火にかける。沸騰したら弱火にして12分（※）ほど炊く。
❹ 火を止めて10分蒸らしたら、蓋をあけてしゃもじで混ぜる。

※弱火にしてからの加熱時間は、鍋の大きさに合わせて調整してください。

重ね煮をはじめる前に

用意するもの

鍋

●鍋底から上まで同じ直径の寸胴型のものを。

●蓋があり、蓋に穴のあいていないもの。あいているときは、菜箸などで穴をふさぐ。穴があいていると、鍋の中で水分（旨み）が対流せず、蒸気のまま外に逃げてしまうため。

●土鍋、鉄、セラミック、ステンレスなどのものがよい。ガラスやアルミは焦げやすいので避ける（無水調理ができるアルミ鍋はOK）。

●掲載の分量で使用している鍋のサイズは各ページに紹介しています。内径20～22㎝、容量2.4～3.4ℓなどが使いやすいサイズです。

●材料は鍋の八分目以上入れて（重ねて）ください。材料が少なすぎると美味しく仕上がりません。

塩

●重ね煮をするとき、基本的には鍋の底と材料を重ねたいちばん上に塩を振ります。戸練ミナの重ね煮では、これを「重ね塩」と呼んでいます。

●使用する塩は自然塩がおすすめです。精製塩と比べると、塩化ナトリウムとともに、マグネシウム、カリウム、カルシウムなどのミネラルも、バランスよく含まれているものが、多くあります。

この本の使い方

●小さじ1は5㎖、大さじ1は15㎖です。

●オーブンの温度や焼き時間は目安です。機種によって多少異なる場合があります。様子を見ながら調理してください。

重ね煮の作り方の見方

1

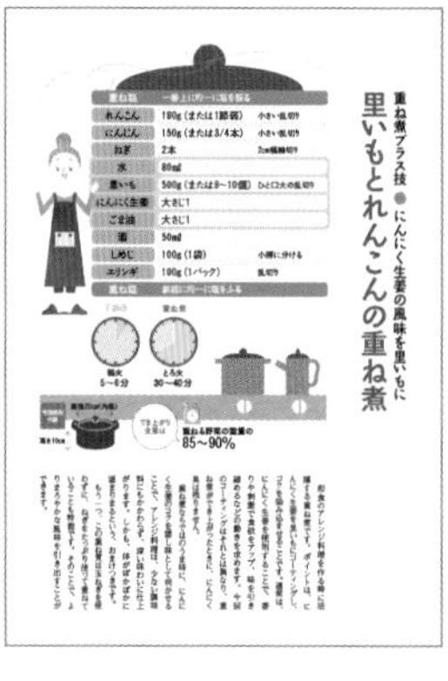

「鍋の図」掲載のページでは、材料、分量、切り方、重ねる順番を表記。下ごしらえがあるものはその材料をマーカーで囲み、下ごしらえの加熱時間、すべて重ねたあとの加熱時間は時計のイラストで表記。重ね煮を何度も作っている方は、このページだけで重ね煮が作れます。

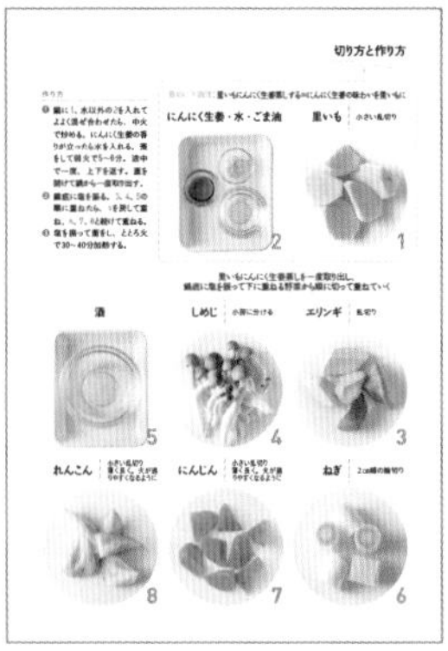

2

「切り方と作り方」のページでは、野菜の切り方を写真で紹介。最初に「鍋の図」で材料を用意し、次に「切り方と作り方」のページを見ながら進めてください。

3

「作り方をもっと詳しく！」のページでは、工程写真を掲載しています。一手間のある重ね煮を作り始める前などに、全体の調理工程をイメージしたいときなどは、こちらのページを活用ください。

第二章

根菜が主役の重ね煮

―野菜の共演を味わう―

重ね煮プラス技● 焦げやすいときは水を加える

じゃがいもいっぱいの重ね煮

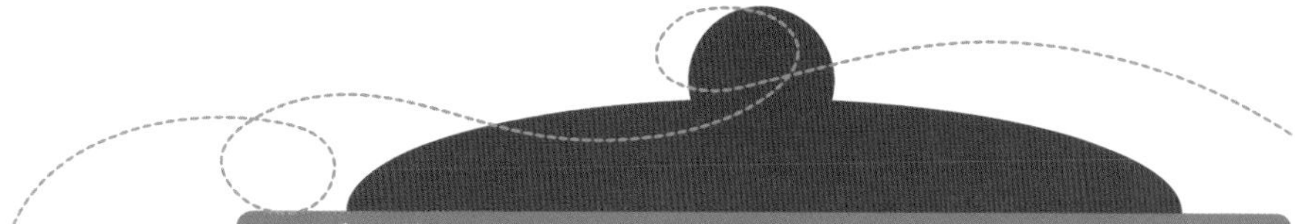

重ね塩	一番上に均一に塩を振る	小さじ1/2〜1弱
にんじん	120g（または2/3本）	小さめの乱切り
玉ねぎ	400g（または2個）	皮をむいて回し乱切り
水	50mℓ	じゃがいもを重ねたあとに入れる
じゃがいも	600g（または4〜5個）	皮をむいて乱切り
重ね塩	鍋底に均一に塩を振る	小さじ1/4弱

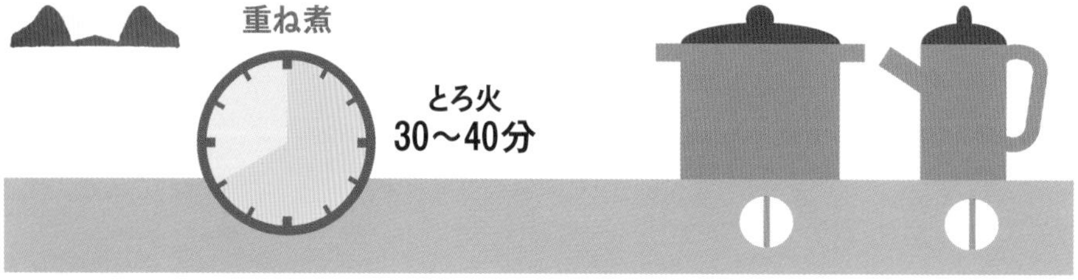
重ね煮
とろ火
30〜40分

今回使用の鍋

直径20cm（内径）
深さ10cm

できあがり全量は

重ねる野菜の重量の
85〜90%

「カレーにきのこは、なるべく入れたくないのです」
「玉ねぎの存在感がもっと欲しい」

　こんなリクエストにお応えしようと考えたのが、にんじん、玉ねぎ、じゃがいもの3種で作る重ね煮です。きのこを入れずに、さらに、玉ねぎを回し乱切りにすることで、その存在感をアップしました。

　野菜は皮ごといただくことを大切にしていますが、「じゃがいもいっぱいの重ね煮」をポタージュにアレンジする予定があるときは、仕上がりの色を大切にしたいので、じゃがいもの皮はむいて重ねています。

　アレンジ料理の食感や色合いを考えて、時には皮をむくことがあります。そのことは決して悪いことではなく、美味しくいただくことも栄養であると、臨機応変、自由な発想で調理したいと考えています。

切り方と作り方

作り方

❶ 鍋底に塩を振って1、2、3、4の順に重ねる。

❷ いちばん上に塩を振って、蓋をする。

❸ とろ火で30〜40分加熱する。

火の通りやすいじゃがいもは大きめに、火の通りにくいにんじんは、じゃがいもよりも小さめに切って、同じ時間で火が通るように、意識してください。

水

2

じゃがいも 皮をむいて乱切り

1

鍋底に塩を振って、下に重ねる野菜から順に切って重ねていく

にんじん 小さめの乱切り

4

玉ねぎ 回し乱切り（p20参照）

3

じゃがいもいっぱいの重ね煮
作り方をもっと詳しく!

鍋に塩を振り、じゃがいも（乱切り）から順に重ねる。じゃがいもは皮目を下（鍋底にあたるよう）に入れると焦げにくい。

じゃがいもを入れたら、水を鍋肌から入れる。鍋肌から入れることで、水がすべて鍋底に届きやすくなる。

玉ねぎ（回し乱切り）、にんじん（小さめの乱切り）を重ねたら、いちばん上に塩を振る。

とろ火
30～40分

できあがったら、蓋についた水分を鍋に戻すように蓋をあける。

そのままバットに静かに移し、広げる。粗熱が取れたら、保存容器に移す。鍋の中で上下を返すとじゃがいもがくずれてしまうので避ける。

冷蔵庫で5日間保存可能

極上ポタージュ

東京の大きな結婚式場のシェフにお伝えしたレシピ。重ね煮教室で出会ったのがきっかけで結婚されたお二人の結婚披露宴で、想い出のお料理として、シェフが作ってくださいました。市販のスープの素も使わず、生クリームも使わず濃厚なポタージュができることに驚いてくださいました。そんなエピソードもある幸せのポタージュです。
重ね煮をミキサーで回すだけ。味付けは素材の旨みを引き出すための塩だけ。料理に時間をかける余裕のないときには、文明の力を借ります。ミキサーがあると人力では及ばない調理工程を一瞬でこなしてくれる優れものです。

材料（4人分）

じゃがいもいっぱいの重ね煮……300g
豆乳（成分無調整）……300mℓ
水……100mℓ
塩……ひとつまみ～

作り方

❶ ミキサーに重ね煮、豆乳、水を入れ、なめらかになるまで撹拌する。
❷ 鍋に①を移し、豆乳が分離しないように弱火で温め、塩で調味する。

車麩のみそじゃが

「甘酒+みそ」は、美味しさがアップする組み合わせです。この組み合わせに、酒、しょうゆを加えて、じゃがいもの重ね煮の味わいをまとめます。車麩がないときや、車麩の下準備が大変だと感じる日は、油揚げや厚揚げで作るのもおすすめです。寒い日は、みそのこってりした味の煮物がうれしいものです。重ね煮があれば、煮物完成まで、すでにゴール直前。煮物を作る近道なのです。

材料（4人分）

じゃがいもいっぱいの重ね煮……400g
車麩……3枚
絹さや……4本
ねぎ……1本
ごま油……大さじ1
揚げ油……適量
合わせ調味料
　水……大さじ1
　しょうゆ……大さじ1
　甘酒……大さじ3
　酒……大さじ2
　みそ……大さじ1～2

作り方

❶ 鍋に筋をとった絹さやと水大さじ3（分量外）、塩ひとつまみ（分量外）を入れ、蓋をして中火で2分蒸し煮にする。盆ざるに広げて冷まし（おか上げし）、3等分に斜めに切る。ねぎは1㎝幅の輪切りにする。
❷ 車麩はバットに並べ、かぶるぐらいの水に浸して戻す。戻した車麩の水気をしっかりと絞り、6等分に切る。180℃の揚げ油で素揚げをする。
❸ ボウルに合わせ調味料の材料をよく混ぜ合わせる。
❹ 鍋にねぎ、ごま油を入れてよく混ぜ合わせたら、弱火で3分ほど蒸し煮する。火を止め③を加え、よく混ぜ合わせたら再び火にかけ、重ね煮、②を加え一煮立ちさせる。
❺ 火を止めてそのまま1～3時間ほどおき、じゃがいもに味を染み込ませる。
❻ 食べる直前に鍋を温め、器に盛って①を飾る。

肉じゃが

鶏ひき肉入りの、しょうゆベースのじゃが煮です。お肉を加えた重ね煮を、にらが味を引き締めます。今回は鶏ひき肉を使いましたが、お好みのお肉でどうぞ。お肉のかわりに車麩を入れると、p56のみそベースとは味わいの異なる、肉なし肉じゃがを楽しむこともできます。その日の気分で、合わせる具材や味を自由自在に変える。重ね煮ストックがあると心強い理由は、こんなところにもあります。

材料（4人分）

じゃがいもいっぱいの重ね煮……400g
糸こんにゃく……100g
にら……1/2束
鶏ひき肉……100g
（好みで豚肉、合いびき肉でもOK）
ごま油……大さじ1/2
合わせ調味料
水……150㎖
薄口しょうゆ……大さじ1
みりん……大さじ1
酒……大さじ1

作り方

❶ 糸こんにゃくは塩もみをし、約3㎝長さに切る。にらも3㎝長さに切る。ボウルに合わせ調味料の材料を混ぜ合わせる。
❷ 鍋にごま油を熱し、糸こんにゃくを入れて炒める。鶏肉を加え、鶏肉の色が変わったら、重ね煮、合わせ調味料を加え、一煮立ちさせる。
❸ 火を消し、じゃがいもに味が染み込むまで1時間ほどおく。
❹ 食べる直前に温め直し、にらを加える。

重ね煮コロッケ

私のコロッケはゴルフボール形です。真ん中からブロッコリーが飛び出すのも、お楽しみのひとつ。コロッケを器に山盛りにできることがうれしくて、ついつい作りすぎます。手間のかかるコロッケですが、重ね煮のストックがあることで、工程を2段階ぐらいジャンプできます。夜ごはんのおかずにササッと用意するのもいいですが、家族や仲間と手分けして丸めたり、揚げたりと、わいわい作るのも似合います。

材料（ゴルフボール8個分）

じゃがいもいっぱいの重ね煮……240g
ブロッコリー……1/4株
ゆで卵……１個
塩……小さじ1/4～
溶き衣
- 小麦粉……大さじ3
- 水……大さじ3

パン粉……適量
揚げ油……適量
レタス（あれば）……適量

作り方

❶ ブロッコリーは小房に分けて鍋に入れ、水大さじ3（分量外）、塩小さじ1/3（分量外）を加え、蓋をして強火で3分蒸し煮にする。盆ざるに広げて冷ます（おか上げする）。
❷ ボウルに重ね煮を入れ、じゃがいもはフォークでつぶす。ゆで卵、塩を加えて、つぶしながら全体を混ぜ合わせたら8等分にする。
❸ ②から１個分を手にとり、真ん中にブロッコリーを入れ、ゴルフボールのように丸める。同じものを全部で8個作る。
❹ ③をよく溶いた衣、パン粉の順にまぶし、170℃の揚げ油できつね色に揚げる。
❺ 器に盛り、あればレタスを添える。

玄米ローフ

私が子どものころ、母は残った玄米ご飯を何にでも入れて、アレンジ料理を作ってくれました。このレシピもその一つです。私が玄米ローフをお披露目した時に、皆様からいただいた「斬新!」という言葉は忘れられません。残りご飯の玄米を何にでも入れて料理する母の愛? アイディア? に支えられて、仕事ができています。くるみは最初に乾煎《からい》りすることが大切です。余計な油分が抜け、香ばしさが際立ちます。

材料（パウンド型１本分）

じゃがいもいっぱいの重ね煮……400g
玄米ご飯（冷やご飯でOK）……200g
小麦粉……100g
ナチュラルベーキングパウダー……小さじ２
ハーブミックス（細粒）……小さじ２
塩……小さじ1/4
豆乳……40mℓ～
菜種サラダ油……50mℓ
甘酒……40mℓ
くるみ……20g
たくあん……40g

作り方

❶ フライパンにくるみを入れて弱火にかけ、香りが立ち、表面がうっすらと色づくまで、木べらでたえず混ぜて乾煎りする。たくあんは、さいの目切り（1㎝前後）にする。
❷ ボウルに小麦粉、ベーキングパウダーをふるい、ハーブミックス、塩を加えて合わせる。
❸ 別のボウルに玄米ご飯を入れてフォークで粗くつぶしたら、重ね煮を加える。
❹ ③に豆乳、菜種サラダ油、甘酒を順に加えながら混ぜ合わせる。②も加え、ゴムベラでざっくりと混ぜ合わせ、最後に①を加えて合わせる。
❺ 型にオーブン用シートを敷き、④を流し込む。
❻ 180℃のオーブンで45分焼く。

2種のポトフスープ

キャベツとやわらかいひよこ豆たっぷりのスープは、体調回復期の食事にもおすすめです。じゃがいもの重ね煮とキャベツから生まれる、野菜だしの優しい風味に癒されます。キャベツをとろけるほど煮込むのもおすすめ。ベーコンが入ると味わいが、がらりと変わります。ベーコンの代わりに大きなソーセージを入れ、たっぷりの粒マスタードをのせるとドイツ気分に。2種の作り方の異なるポイントは、ひよこ豆とキャベツのスープは、仕上げの煮込みの時にキャベツの色をきれいに残すために蓋はしません。ベーコンのスープは、短時間に旨みを広げるために蓋をして煮込みます。

ベーコンの塩ポトフスープ

材料（4人分）

じゃがいもいっぱいの重ね煮……150g
ベーコン……60g
ブロッコリー……4房
水……600㎖
塩……適量
こしょう……適量

作り方

❶ 鍋にブロッコリー、水大さじ3（分量外）、塩小さじ1/3を入れ、蓋をして強火で3分蒸し煮にする。盆ざるに広げて冷ます（おか上げする）。
❷ 鍋にベーコン、水50㎖、塩ひとつまみを入れ、蓋をして強火で3分ほど蒸す。
❸ 蓋をあけて残りの水550㎖、重ね煮を加えて蓋をし、一煮立ちしたら、塩、こしょうで調味する。器に盛って①のブロッコリーを飾る。

ひよこ豆とキャベツの塩ポトフスープ（写真上）

材料（4人分）

じゃがいもいっぱいの重ね煮……150g
キャベツ……100g
ひよこ豆の水煮……120g（乾燥60g）
ひよこ豆の茹で汁＋水……600㎖
塩……適量
粗挽き黒こしょう……適量
オリーブ油……大さじ1

作り方

［前日］
❶ ひよこ豆（乾燥）は1％の塩水（水500㎖に塩小さじ1が目安）に一晩つける。

［当日］
❷ ひよこ豆はざるにあげる。鍋にひよこ豆、たっぷりの水を入れて40～50分ほど煮る。
❸ キャベツはくし形に切る。鍋にキャベツを入れ、オリーブ油、塩を振り入れ、蓋をして3分ほど弱火で蒸す。
❹ ③の蓋をあけ、②のひよこ豆、キャベツがかぶるぐらいの②のひよこ豆の煮汁（足りない場合は水）をたっぷりと入れる。蓋をあけたまま一煮立ちしたら、重ね煮を加え、塩、こしょうで調味する。

重ね煮プラス技●にんにく生姜の風味を里いもに

里いもとれんこんの重ね煮

重ね塩	一番上に均一に塩を振る	小さじ1/2～1弱
れんこん	180g（または1節弱）	小さい乱切り
にんじん	150g（または3/4本）	小さい乱切り
ねぎ	2本	2cm幅輪切り
水	80mℓ	
里いも	500g（または8～10個）	一口大の乱切り
にんにく生姜	大さじ1	
ごま油	大さじ1	
酒	50mℓ	
しめじ	100g（1袋）	小房に分ける
エリンギ	100g（1パック）	乱切り
重ね塩	鍋底に均一に塩を振る	小さじ1/4弱

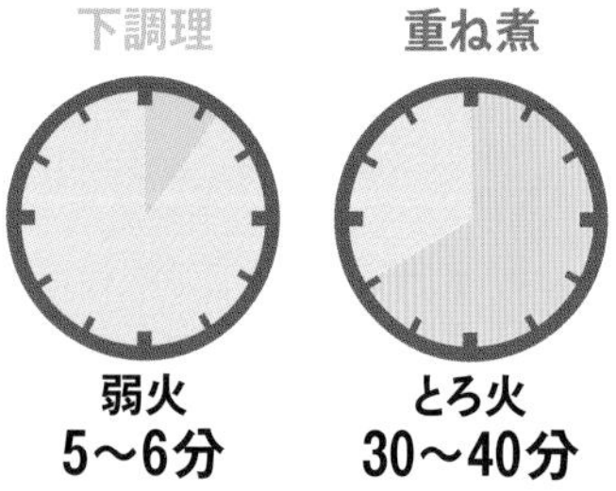
下調理
弱火
5～6分
重ね煮
とろ火
30～40分

今回使用の鍋
直径20cm（内径）
深さ10cm

できあがり全量は

重ねる野菜の重量の
85～90%

和食のアレンジ料理を作るときに活躍する重ね煮です。ポイントは、にんにく生姜（p10）を里いもにコーティングし、コクを染み込ませることです。通常は、にんにく生姜を使用することで、香りや刺激で食欲をアップ、味を引き締めるなどの働きを求めます。今回のコーティングはそれとは異なり、重ね煮ができあがった時に、コクはありますが、にんにく臭は残りません。

重ね煮ならではの旨みに、にんにく生姜のコクを隠し味として利かせることで、アレンジ料理は、少ない調味料にもかかわらず、深い味わいに仕上がります。しかも、体がぽかぽかに温まるという、おまけつきです。

もう一つ、この重ね煮は玉ねぎを使わずに、ねぎをたっぷり使って重ねていることも特徴です。そのことで、よりまろやかな風味を引き出すことができました。

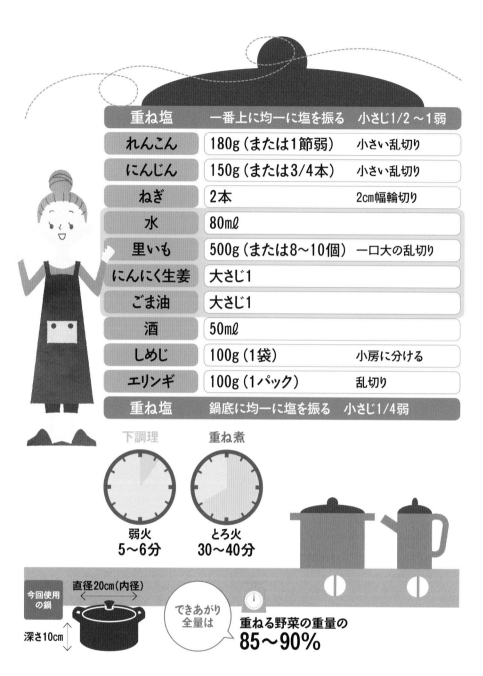

切り方と作り方

作り方

❶ 鍋に1、水以外の2を入れてよく混ぜ合わせたら、中火で炒める。にんにく生姜の香りが立ったら水を入れる。蓋をして弱火で5～6分。途中で一度、上下を返す。蓋をあけて鍋から一度取り出す。

❷ 鍋底に塩を振る。3、4、5の順に重ねたら、①を戻して重ね、6、7、8と続けて重ねる。

❸ 塩を振って蓋をし、とろ火で30～40分加熱する。

最初に下調理：里いもをにんにく生姜蒸しにする=にんにく生姜の味わいを里いもに

にんにく生姜・水・ごま油

2

里いも | 一口大の乱切り

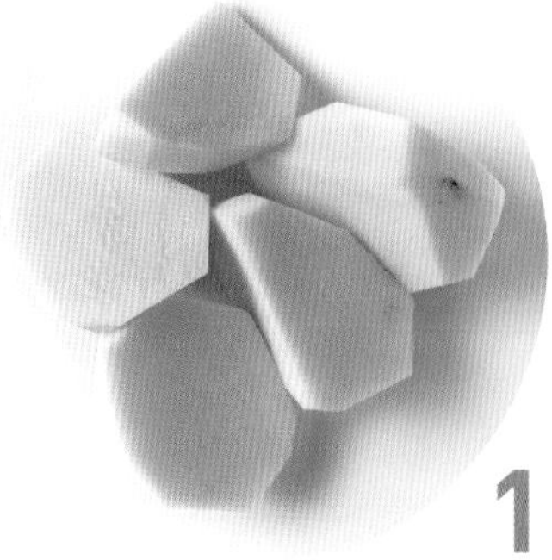

1

里いもにんにく生姜蒸しを一度取り出し、
鍋底に塩を振って下に重ねる野菜から順に切って重ねていく

酒

5

しめじ | 小房に分ける

4

エリンギ | 乱切り

3

れんこん | 小さい乱切り 薄く長く。火が通りやすくなるように

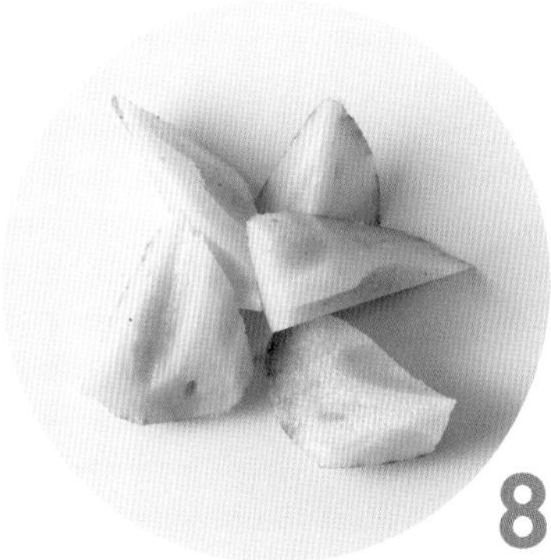

8

にんじん | 小さい乱切り 薄く長く。火が通りやすくなるように

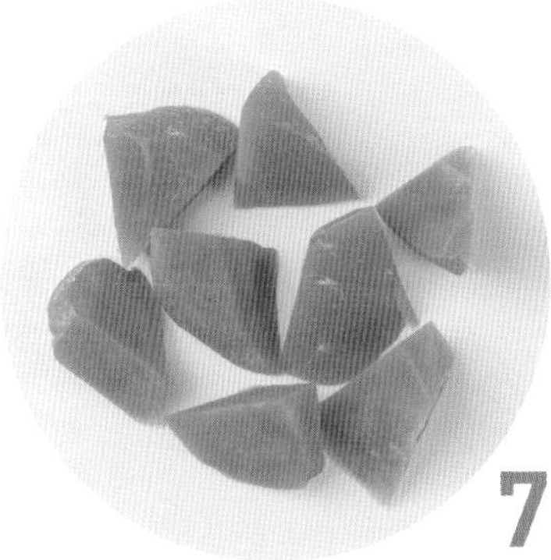

7

ねぎ | 2㎝幅の輪切り

6

里いもとれんこんの重ね煮
作り方をもっと詳しく!

鍋ににんにく生姜、ごま油、里いも(一口大の乱切り)を入れる。

全体にからませるように混ぜ合わせる。混ぜ合わせたら火をつけ、中火で炒める。

里いものふちが透明に変わりはじめ、にんにく生姜の香りが立ったら、水を加えてさっと手早く混ぜる。

途中で一度、上下を返す。

蓋をあける。この時、蓋に里いもの水分(=旨み)がついているので、こぼさないようにしっかりと鍋に戻す。鍋の中身をいったん取り出す。

里いもを取り出した鍋に塩を振る。

エリンギ（乱切り）、しめじ（小房に分ける）の順に重ねたら、酒を加える。里いものでんぷんのネバネバは、焦げやすいので、酒を加えることでネバネバをゆるめ、焦げにくくする。

里いもを戻して重ね、ねぎ（2㎝幅の輪切り）、にんじん（小さい乱切り）、れんこん（小さい乱切り）の順に重ねていく。

すべての素材を重ねたら、塩を振る。

できあがったら、蓋の水分を鍋に戻すように蓋をあける。

里いもがつぶれないよう、そっと上下を返す（天地返しをする）。

バットに広げる。粗熱が取れたら、保存容器に移す。

冷蔵庫で5日間保存可能

里いもとれんこんの重ね煮で作る

ごまたっぷりの煮物

煮物の味を手早く決めたいときは、たっぷりのすりごまを混ぜます。ごまの力で〝美味しい薄味〟に仕上げることができるのです。ごまは甘みとコク、香ばしさを備える、調味料としても頼もしい存在です。わが家では、すりごまを常備しています。セサミンが豊富で、高い抗酸化作用をもち、肝機能改善に役立ちます。悪玉コレステロールを減らし、動脈硬化を防ぐ、不飽和脂肪酸のリノール酸も含んでいます。

材料（4人分）

里いもとれんこんの重ね煮……200g
厚揚げ……1枚（120〜140g）
白すりごま……大さじ3
しょうゆ……大さじ1〜
みりん……大さじ1
水……100㎖

作り方

❶ 厚揚げは熱湯に表裏両面をくぐらせて油抜きをし、一口大に切る。
❷ 鍋にしょうゆ、みりん、水を入れてよく混ぜ合わせ、①を加えて4〜5分ほど煮て火を止める。
❸ ②に重ね煮を加えたら、再び火をつけて中火で煮る。煮汁が少なくなり、照りがついてきたら、煮汁をからめながらサッと火を通す。
❹ 仕上げに白すりごまを混ぜる。

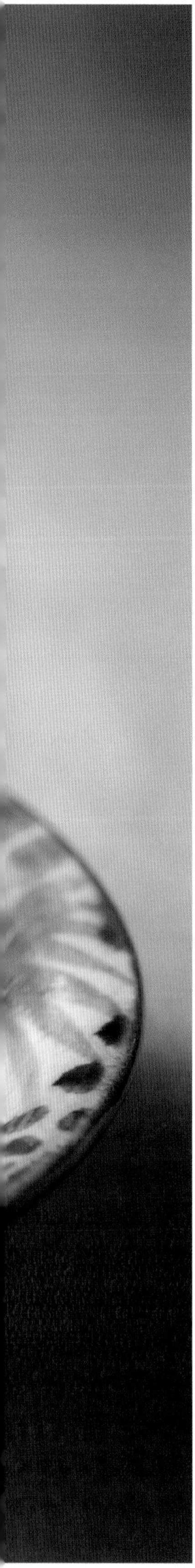

里いもまんじゅう

ストックしてある重ね煮を丸めて揚げただけ。そんなふうには思えないような、おもてなしスタイルになります。揚げるのが大変だと思う日は、フライパンに油を多めに入れて揚げ焼きに。里いもを丸める時、しめじが外はみだしやすいので、気をつけてください。銀杏はなくてもできますが、彩り、食感ともに、銀杏があることで、美味しさはアップします。

材料（4人分）

里いもとれんこんの重ね煮……240g
銀杏（下処理方法は＊を参照）……4～8粒
片栗粉……適量
揚げ油……適量
たれ
- 昆布だし……200ml
- しょうゆ……小さじ1
- みりん……大さじ1
- 塩……小さじ1/2

水溶き葛粉
- 葛粉……大さじ1
- 水……大さじ1

しょうがの絞り汁……小さじ1

作り方

❶ ボウルに重ね煮を入れ、里いもをフォークでつぶす。
❷ ①を4等分に分ける。1個分を丸めたら、真ん中に銀杏を1つ入れる。全部で4個作る。片栗粉をまぶし、170℃の揚げ油で表面をパリッと揚げる。
❸ たれを作る。鍋にだしを入れて熱し、しょうゆ、みりん、塩を加えて調味する。水溶き葛粉を加えてとろみをつけ、仕上げにしょうがの絞り汁を加える。
❹ 器に②を盛って③をかける。あれば南天（分量外）を彩りに添える。

＊銀杏の下処理

❶ 銀杏は、鬼皮を外してから、小鍋にかぶるくらいの水とひとつまみの塩を一緒に入れる。
❷ 水が沸騰したら、穴あき玉じゃくしの底で銀杏の表面を軽く撫でるようにコロコロこすりあわせる。
❸ 自然と玉じゃくしに薄皮がひっかかってきれいに薄皮がむけたら、鍋から取り出し、水に放す。

温サラダ カレードレッシング

ブロッコリーなどの緑の野菜は、重ね煮にすると緑色がくすむので一緒には重ねません。アレンジ料理の時に、彩りよく蒸し煮して合わせます。

材料（4人分）

里いもとれんこんの重ね煮……240g
ブロッコリー……1/3株
金時豆の水煮……40g（乾燥20g）
カレードレッシング＊……適量

作り方

［前日］

❶ 鍋に金時豆（乾燥）、たっぷりの水を入れて一晩つける。

［当日］

❷ 一晩つけた金時豆を火にかけ、40～50分ほど茹でる。
❸ ブロッコリーは小房に分ける。フライパンに水大さじ3（分量外）、塩小さじ1/4（分量外）、ブロッコリーを入れる。蓋をして強火で3分蒸し煮にし、盆ざるに広げて冷ます（おか上げする）。
❹ ボウルに重ね煮、②、③、カレードレッシングを入れて混ぜ合わせる。

＊カレードレッシング

材料（作りやすい分量）

カレー粉……大さじ1/2
酢……50mℓ
塩……小さじ1/2
しょうゆ……大さじ2
マヨネーズ……大さじ1
菜種サラダ油……90mℓ
玉ねぎのみじん切り……大さじ1

作り方

❶ すべての材料をミキサーでなめらかになるまで撹拌する。

ミキサーがないとき

❶ ボウルに酢、塩、カレー粉、しょうゆ、マヨネーズを入れて泡立て器で混ぜる。
❷ 菜種サラダ油を少しずつ、分離しないように加えていく。
❸ 玉ねぎを加えて混ぜ合わせる。

そば粉のスープ

安曇野に住み始めてから、そば粉が身近な存在になりました。そば粉のスープは、そば粉を水で溶いて、葛とじ汁の葛のような感覚で使います。そば粉が団子にならないように、しっかりと温めたスープを混ぜながら、ゆっくりとそば粉を流し込むこと。そば粉のやわらかな風味ととろみが具材を包み込み、体の芯からぽかぽかになるスープに仕上がります。素麺を入れて、温麺にするのもおすすめです。

材料（4人分）

里いもとれんこんの重ね煮……150g
かつおだし……600㎖
そば粉……大さじ2
塩……小さじ1/2
しょうゆ……数滴
白髪ねぎ（あれば）……適量

白髪ねぎの作り方
ねぎを5㎝長さに切り、縦に1本切り込みを入れて開き、中の芯を取る。芯をとったねぎを広げて端からせん切りにし、水にさらす。

作り方

❶ ボウルにそば粉、水100㎖（分量外）を入れてよく溶く。
❷ 鍋に重ね煮、かつおだしを入れて一煮立ちさせる。
❸ ②に①を溶かし入れ、一煮立ちさせる。塩で調味し、仕上げにしょうゆで味をととのえる。
❹ 器に盛って、あれば白髪ねぎを添える。

重ね煮プラス技● れんこんのアクを旨みに変える
りんごと根菜の重ね煮

重ね塩	一番上に均一に塩を振る　小さじ1/2〜1弱	
れんこん	150g	5㎜角あられ切り
梅酢	小さじ1/2	
菜種サラダ油	大さじ1/2	
里いも	200g	あられ切り
ねぎ	2本	1㎝幅の輪切り
りんご	600g	あられ切り
エリンギ	100g	あられ切り
重ね塩	鍋底に均一に塩を振る　小さじ1/4弱	

下調理　重ね煮

弱火 3〜4分

とろ火 30〜40分

今回使用の鍋

直径20㎝（内径）

深さ10㎝

できあがり全量は

重ねる野菜の重量の
85〜90%

地元の農産物をテーマにした会を定期的に仲間と一緒に開催しています。ある時、りんご農家さんから、傷もの、鳥がつついたもの、形が悪いもの、色づきがまばらなものなど、商品にならないりんごを美味しく食べられる方法を考えてほしい、と依頼を受けました。その条件は、「りんごジャムやアップルパイ以外でね」。

レシピの生みの苦しみを、いちばん深く味わったテーマです。甘いりんごをおかずにするイメージがまったく膨らまず、逃げ出したいほど追い詰められたことは忘れられません。

解決の糸口は、基本に返ることでした。寒い季節に美味しくなるりんごを、同じ寒い時期に美味しくなる野菜と組み合わせたい。一人でも多くの方に召し上がっていただき、商品にならなかったりんごも、大切にしたいと思いを込めたレシピです。

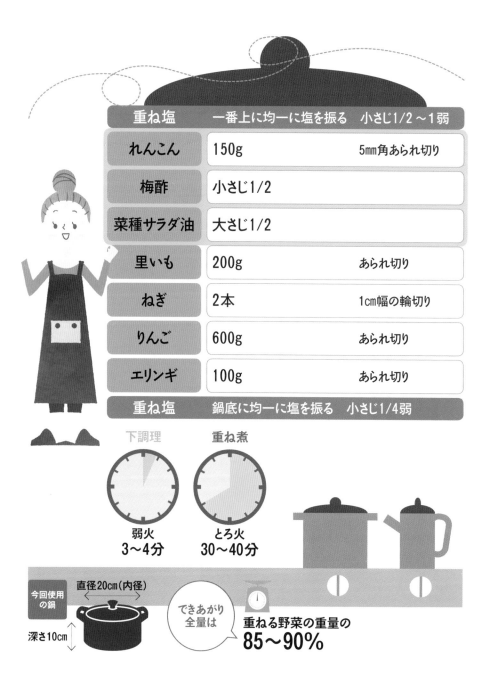

切り方と作り方

最初に下調理：れんこんを梅酢蒸しする＝れんこんのアクを旨みに変える

菜種サラダ油・梅酢

2

れんこん | 5㎜角のあられ切り

1

れんこんの梅酢蒸しを一度取り出し、
鍋底に塩を振って下に重ねる野菜から順に切って重ねていく

りんご | あられ切り

4

エリンギ | あられ切り

3

里いも | あられ切り

6

ねぎ | 1㎝幅の輪切り

5

作り方

❶ 鍋に2の菜種サラダ油を熱し、1を入れてよく混ぜ合わせ、中火で炒める。れんこんの香りが立ったら梅酢を加えて混ぜ合わせ、蓋をして弱火で3～4分。途中で上下を返す。蓋をあけて鍋から一度取り出す。

❷ 鍋底に塩を振る。3、4、5、6の順に重ねたら、①を戻して重ねる。

❸ 塩を振って蓋をし、とろ火で30～40分加熱する。

れんこんの大きさが基準になります。

りんごと根菜の重ね煮
作り方をもっと詳しく!

鍋に菜種サラダ油を熱し、れんこん(あられ切り)を入れ、油を全体にからませるように混ぜ合わせ、中火で炒める。
＊れんこんは焦げつきやすので、油を熱してかられんこんを入れる。

れんこんの香りが立ったら、梅酢を加えて手早く混ぜ合わせる。

れんこんを真ん中に集めて蓋をする。

弱火
3〜4分

途中で一度、上下を返す。

蓋をあける。この時、蓋にれんこんの水分(=旨み)がついているので、こぼさないようにしっかりと鍋に戻す。鍋の中身をいったん取り出す。

れんこんを取り出した鍋に塩を振る。

エリンギ(あられ切り)、りんご(あられ切り)、ねぎ(1㎝幅の輪切り)、里いも(あられ切り)の順に重ねたら、れんこんを戻して重ねる。

いちばん上に塩を振る。

とろ火
30〜40分

できあがったら、蓋の水分を鍋に戻すように蓋をあける。

鍋の底と上を返し(天地返しを行ない)、全体を混ぜ合わせる。

バットに広げて粗熱を取る。粗熱が取れたら、保存容器に移す。

冷蔵庫で5日間保存可能

ポークロール

りんごと根菜の重ね煮を、豚肉でクルクルと巻いて、アクセントにカレー粉を忍ばせます。豚肉の脂とりんごの甘みを、フライパンで転がしながら、香ばしくまとめたらできあがりです。もし、野菜だけで作りたいときは、油揚げの中を開いて袋状にし、そこに重ね煮と青じそを一緒に詰め込んだら、フライパンで油揚げの表面をカリッと焼き上げます。こちらも、乙な味わいです。

材料（4人分）

りんごと根菜の重ね煮……120g
豚薄切り肉……４枚
塩……ひとつまみ
こしょう……適量
青じそ……４枚
カレー粉……適量
菜種サラダ油……適量

作り方

❶ 豚肉に塩、こしょうを振る。
❷ 豚肉１枚の上に青じそ１枚、重ね煮1/4量をのせ、カレー粉を振る。中身が出ないようにしっかりと豚肉を巻く。同じものを全部で４個作る。
❸ フライパンに菜種サラダ油を熱し、②の巻き終わりを下にして入れ、途中で回転させながら全体にしっかりと火を通す。
❹ 器に、あれば緑の葉（分量外）を敷いて③を盛る。

りんごコロッケ

りんごとじゃがいもの相性がいいことを、改めて実感する料理です。甘みと酸味が口の中でふわっと広がります。シンプルにコロッケとして形を整えてもいいのですが、りんごを使っていることをアピールするためにも、見た目もりんごにこだわって可愛く仕上げました。

材料（4個分）

りんごと根菜の重ね煮……150g
じゃがいも……150g
塩……小さじ1/4
こしょう……少々
パン粉……適量
溶き衣　小麦粉……大さじ2
　　　　水……大さじ2
揚げ油……適量
ごぼう……マッチ棒サイズ4本分
ローズマリー……適量

作り方

❶ 蒸気の上がった蒸し器にじゃがいもを入れ、火が通るまで蒸す。
❷ じゃがいもをボウルに移し、熱いうちにつぶす。
❸ ②に重ね煮を加え、塩、こしょうで調味する。
❹ ③を4等分にし、1個分を取ってボール状に丸める。中央を少しくぼませ、りんごのような形にする。同じものを全部で4個作る。
❺ ④に溶き衣、パン粉の順につけ、170℃の揚げ油でじっくりと揚げる。マッチ棒サイズに切ったごぼうは素揚げする。
❻ 器に⑤を盛り、⑤の中心にごぼうを立て、あれば横にローズマリーを添え、りんごの形を再現する。

※写真は3個掲載していますが、材料は4個分です。

香るサラダ

甘酸っぱさが特徴の根菜とりんごの重ね煮を生かして、サラダにします。このサラダに合わせる野菜は、春菊やわさび菜のような、個性的な葉っぱがよく似合います。オリーブ油でキュッとしめて、さわやかなサラダに仕上げます。最初に油で素材を薄くコーティングしてから、塩、こしょうを振ることがポイントです。こうすることで、時間がたっても、ふわっと軽いサラダを保つことができます。

材料（4人分）

りんごと根菜の重ね煮……200g
サニーレタス……3～4枚
春菊……適量
わさび菜……適量
ひよこ豆の水煮……80g（乾燥40g）
りんご……1/2個
オリーブ油……適量
塩……適量
こしょう……適量

作り方

［前日］

❶ ひよこ豆（乾燥）は1％の塩水（水500mℓに塩小さじ1が目安）をたっぷり入れたボウルに一晩つける。

［当日］

❷ ①のひよこ豆をざるにあける。鍋にひよこ豆、たっぷりの水を入れて40～50分茹でる。

❸ りんごはさいの目切りにして、塩水に5分ほどさらして水気をきる。

❹ 重ね煮、サニーレタス、春菊、わさび菜を一口大に手でちぎり、ボウルに入れる。②、③も加えて合わせる。

❺ 食べる直前に、オリーブ油を入れながら、ざっくりと混ぜ合わせ、塩、こしょうを加えて調味する。

前菜ホットスープ

重ね煮の根菜とりんご、そしてりんごジュースは、すべて風邪の引きはじめに体を助けてくれる食材ばかりです。滋養のスープですが、ホットスムージーのような気軽な感覚でいただけます。人肌くらいに温めてどうぞ。

材料（4人分）

りんごと根菜の重ね煮……150g
りんごジュース（100%ストレート）……150㎖

作り方

❶ ミキサーに重ね煮、りんごジュースを入れ、なめらかになるまで撹拌する。
❷ 鍋に①を移して温める。

意外なことに、りんごの酸味と米の甘みがまろやかに相まって美味しく炊きあがります。りんごはすりおろしと角切りの2種を加えることがポイント。カレーライスのご飯にもぴったりです。

りんごライス（重ね煮は使っていません）

材料（作りやすい分量）

米……2合
水……380㎖（通常の2合炊きより50㎖少なくする）
りんご……中1個
アーモンド……20g
酒……大さじ2
オリーブ油……大さじ1
塩……小さじ1
パセリのみじん切り……大さじ2

作り方

❶ 米は研いでざるにあげて30分ほどおく。
❷ りんごは半分をさいの目切りに、半分は皮ごとすりおろす。アーモンドは半分に切る。
❸ 鍋に、①、②、水、酒、オリーブ油、塩を入れ、蓋をし、沸騰するまで強火にかける。
❹ 沸騰したら弱火にして10〜12分炊く。火を消してそのまま10分蒸らす。仕上げにパセリのみじん切りを混ぜる。

※鍋ではなく炊飯器に入れて炊くこともできます。

重ね煮プラス技●ごぼうのアクを旨みに変える

根菜カーニバルの重ね煮

重ね塩	一番上に均一に塩を振る	小さじ1/2～1弱
れんこん	250g（または1節）	薄い乱切り
ごぼう	150g（または1本）	薄い乱切り
にんにく	1片	みじん切り
菜種サラダ油	大さじ1	
梅酢	小さじ1	
にんじん	100g（または1/2本）	小さい乱切り（ごぼうより小さく）
玉ねぎ	300g（または1と1/2本）	回し乱切り
さつまいも	300g（または1と1/2本）	乱切り（ごぼうの3倍の大きさ）
しめじ	100g（または1パック）	小房に分ける
まいたけ	100g（または1パック）	小房に分ける
重ね塩	鍋底に均一に塩を振る	小さじ1/4弱

下調理
弱火
6～7分

重ね煮
とろ火
30～40分

今回使用の鍋
直径20cm（内径）
深さ10cm

できあがり全量は
重ねる野菜の重量の
85～90%

「野菜だけのパエリアを美味しくいただきたいのです。野菜パエリアにピッタリの重ね煮を紹介してください」

こんなリクエストから生まれたのが、根菜カーニバルの重ね煮です。パエリアには、シーフードやお肉を入れないと美味しくはできない、と長いこと思っていました。この依頼をいただき、野菜だけで美味しいパエリアに仕上げるために、野菜の組み合わせについて検討を重ねたところ、根菜が主役になる組み合わせが、できあがりました。

とくに注目したのが、さつまいもの甘みとごぼうのコクです。この2つは必須です。さまざまな色の野菜が勢揃いする重ね煮は、華やかで、まるでカーニバルのようです。野菜だけでパエリアを美味しく作ることができたことで、重ね煮のさらなる可能性を感じたレシピです。

切り方と作り方

最初に下調理：ごぼうをにんにく風味の梅酢蒸しにする＝ごぼうのアクを旨みに変える

鍋に1、2、3の菜種サラダ油を入れてよく混ぜ合わせたら中火で炒める。ごぼうの香りが立ったら梅酢を加えて混ぜ合わせ、蓋をして弱火で6〜7分。途中で一度、上下を返す。鍋から一度取り出す

菜種サラダ油・梅酢

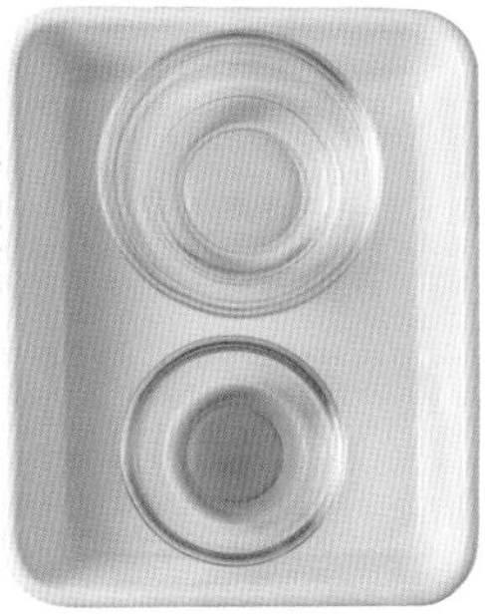

3

にんにく
みじん切り

2

ごぼう
薄い乱切り

1

鍋底に塩を振って4〜8まで重ねたら、ごぼうのにんにく風味梅酢蒸しを戻して重ね、9を重ねる

さつまいも
乱切り
目安はごぼうの3倍の大きさ

6

しめじ
小房に分ける

5

まいたけ
小房に分ける

4

れんこん
薄い乱切り

9

にんじん
小さい乱切り

8

玉ねぎ
回し乱切り

7

すべてを重ねたら、塩を振って蓋をし、とろ火で30〜40分加熱する

根菜カーニバルの重ね煮
作り方をもっと詳しく!

鍋にごぼう（薄い乱切り）、にんにく（みじん切り）、菜種サラダ油の順に入れ、油を全体にからませるように混ぜ合わせる。混ぜ合わせたら火をつけ、中火で炒める。

ごぼうの香りが立ったら、梅酢を加えて手早く混ぜ合わせる。

ごぼうを真ん中に集めて蓋をし、弱火で蒸し煮にする。

途中で一度、上下を返す。

蓋をあける。この時、蓋にごぼうの水分（＝旨み）がついているので、こぼさないようにしっかりと鍋に戻す。鍋の中身をいったん取り出す。

ごぼうを取り出した鍋に塩を振る。

まいたけ（小房に分ける）、しめじ（小房に分ける）、さつまいも（乱切り）、玉ねぎ（回し乱切り）と下から順に切って鍋に重ねていく。

にんじん（小さい乱切り）を重ねたら、取り出しておいたごぼうを重ねる。

れんこん（薄い乱切り）を重ねたら、上から塩を振る。

できあがったら、蓋の水分を鍋に戻すように蓋をあける。

そのままバットに静かに移し、広げる（さつまいもがくずれやすので鍋の中で上下を返すことはしない）。

粗熱が取れたら、保存容器に移す。

冷蔵庫で5日間保存可能

お野菜パエリア

人が集まる日のおもてなし料理にいかがですか。前日に重ね煮を作っておくと、当日はお米を炒めたら、作り置きの重ね煮トマトソース（p12）と根菜カーニバルの重ね煮を一緒に火にかけるだけ。簡単にできあがります。今回はアクセントとして銀杏を加えましたが、栗やオリーブにかえても、歯ごたえ、味わいをより深くしてくれます。

材料（4人分）

根菜カーニバルの重ね煮……300g
米……1と1/2合（240mℓ）
銀杏（銀杏の下処理方法p68）……8個
重ね煮トマトソース（作り方p12）……200g
（ないときはトマト水煮缶）
水……270mℓ
ローズマリー……1枝
ローリエ……2枝
塩……小さじ1～
菜種サラダ油……大さじ2

作り方

❶ 米は研いでざるにあげて水分をきる。
❷ フライパンに菜種サラダ油を熱し、①を入れて米が透き通るまで炒める。
❸ ②に水、重ね煮トマトソース、根菜カーニバルの重ね煮、塩、ローリエ、ローズマリー、銀杏を加える。フライパンがグツグツと沸騰したら、弱火にして蓋をし、12分ほど火にかける。火を止めて10分ほどそのままの状態にして蒸らす。

手づくりサモサ

小麦粉、油、水を混ぜるだけで作る、シンプルな生地です。サクサクとした香ばしい生地を一度味わうと、生地から作る価値を十分に感じるはずです。お子さんと一緒に作ると、その工程をとても楽しんでくれるでしょう。ポイントは、サクサクに仕上がることをイメージしながら、小麦粉と油をこねすぎないように気をつけること。揚げ物とはいえ、材料がシンプルなので軽やかです。

材料（4個分）

根菜カーニバルの重ね煮……適量
小麦粉……100g
全粒粉……30g
菜種サラダ油……大さじ2
塩……小さじ1/4
水……大さじ3～4（生地のかたさを見ながら調整）
揚げ油……適量

作り方

❶ ボウルに小麦粉、全粒粉、塩をふるう。
❷ ①に菜種サラダ油を加えて、数本分を束ねた菜箸でざっくりと混ぜたら、水を加え、手で全体（粉と水）をなじませる。
❸ ②の生地を練りすぎないように気をつけながら、ひとつにまとめる。
❹ ③を4等分にする。1個分の生地を丸く伸ばし、重ね煮の野菜各種が1個ずつくらい入るように（たくさん入るときは、さつまいもを2切れ入れて）包み、端をフォークで押さえながらしっかりと閉じる。全部で4個作る。
❺ 170℃の揚げ油でじっくりと揚げる。

※写真は3個掲載していますが、材料は4個分です。

白菜とりんごのサラダ

火をしっかり入れた野菜に、旬のフレッシュな食材を組み合わせます。食感にバラエティが生まれると料理全体が可愛らしくまとまります。ナッツやドライフルーツはお好みのものをどうぞ。

材料（4人分）

根菜カーニバルの重ね煮……300g
白菜……3枚
りんご……1/2個
くるみ……20g
レーズン……20g
えみ・ドレ（万能玉ねぎソース）＊……適量

作り方

❶ 白菜の芯は棒状に、葉は食べやすい大きさに切る。
❷ りんごはいちょう切りにし、塩水に5分ほどさらして水気をきる。
❸ くるみは炒り、粗熱が取れたら手で割る。
❹ ボウルに重ね煮、①、②、③、レーズンを合わせる。器に盛り、食べる直前にえみ・ドレ（万能玉ねぎソース）をかける。

＊えみ・ドレ（万能玉ねぎソース）

材料（作りやすい分量）

玉ねぎ……120g
酢……40㎖
菜種サラダ油……45㎖
みりん……45㎖
しょうゆ……60㎖

作り方

❶ すべての材料をミキサーに入れて、なめらかになるまで撹拌する。

えみこさん直伝の玉ねぎソースなので、わが家では通称「えみ・ドレ」。サラダはもちろんですが、ハンバーグのソース、豆腐のサラダ、麺料理のアクセント等々アイディア次第で大活躍のドレッシングです。冷蔵庫でのストックにおすすめです。

重ね煮プラス技● ごぼうのアクを旨みに変える

乱切りごぼうの重ね煮

重ね塩	一番上に均一に塩を振る　小さじ1/2～1弱	
ごぼう	300g（または1と1/2本）	乱切り
梅酢	小さじ1	
ごま油	大さじ1	
にんじん	150g（または3/4本）	乱切り
玉ねぎ	400g（または2個）	回し切り
長いも	400g	乱切り
エリンギ	100g	乱切り
重ね塩	鍋底に均一に塩を振る　小さじ1/4弱	

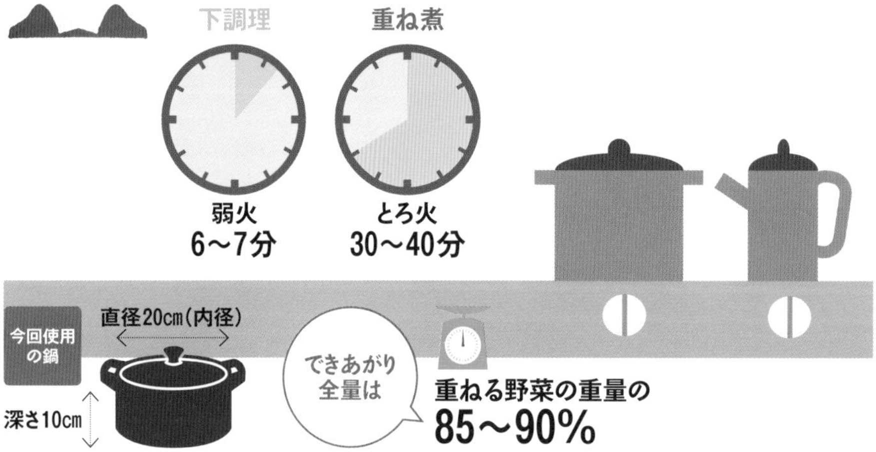

下調理
重ね煮
弱火
6～7分
とろ火
30～40分
今回使用の鍋
直径20cm（内径）
深さ10cm
できあがり全量は
重ねる野菜の重量の
85～90%

ごぼうと長いもは、色もかたさも正反対の野菜です。正反対のごぼうと長いもの個性を調和させるために、エリンギ、玉ねぎ、にんじんを組み合わせます。

かたいものは小さめに、やわらかいものは大きめに切って火の通り加減のバランスをとります。この重ね煮から、誰もが「大胆さ」を学びます。やわらかい長いもとかたいごぼうの切る大きさの差は、大胆すぎるくらいの感覚で包丁を入れると、ちょうどよくなります。個性が違う野菜が、鍋の中で調和しやすいよう、一緒に重ねる野菜のバランスに気を配ると、しっかりとまとまります。

長いもを重ね煮すると、とても上品な風味に煮あがります。個性の強い素材同士でも調和できることを知ると、何事もバランスだと、あらためて感じます。

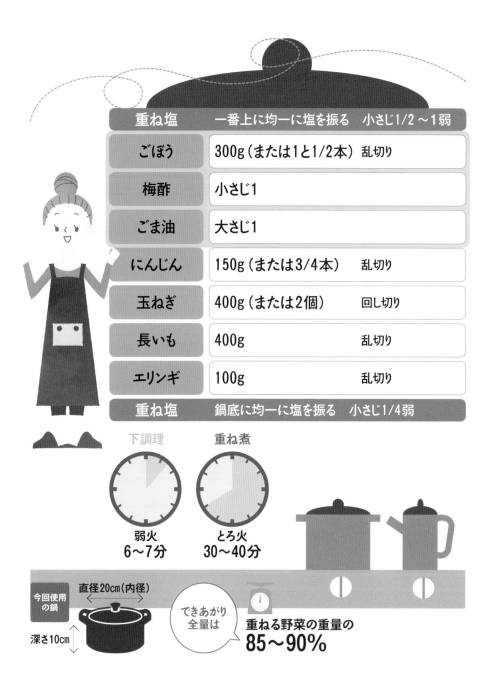

切り方と作り方

最初に下調理：ごぼうを梅酢蒸しにする＝ごぼうのアクを旨みに変える

ごま油・梅酢

2

ごぼう | 乱切り

1

ごぼうの梅酢蒸しを一度取り出し、鍋底に塩を振って
下に重ねる野菜から順に切って重ねていく

長いも | 乱切り 目安はごぼうの 2倍の大きさ

4

エリンギ | 乱切り ごぼうと同じ 大きさ

3

にんじん | 乱切り ごぼうより少し 小さめ

6

玉ねぎ | 回し切り

5

作り方

❶ 鍋に1、2のごま油を入れてよく混ぜ合わせたら、中火で炒める。ごぼうの香りが立ったら梅酢を加えて混ぜ合わせ、蓋をして弱火で6～7分。途中で一度、上下を返す。蓋をあけて鍋から一度取り出す。

❷ 鍋底に塩を振る。3、4、5、6の順に重ねたら①を戻して重ねる。

❸ 塩を振って蓋をし、とろ火で30～40分加熱する。

エリンギ、長いも、にんじんは縦に細長く1/4の棒状に切ってから乱切りにすると大きさのバランスがとりやすい。

長いもは、ひげをガスコンロで焼いてから皮をむく。(p38参照)

乱切りごぼうの重ね煮

作り方をもっと詳しく!

鍋に乱切りのごぼう、ごま油の順に入れ、油を全体にからませるように混ぜ合わせる。混ぜ合わせたら火をつけ、中火で炒める。

ごぼうの香りが立ったら、梅酢を加えて手早く混ぜ合わせる。

ごぼうを真ん中に集めて蓋をする。

途中で一度、上下を返す。

蓋をあける。蓋にごぼうの水分（＝旨み）がついているので、こぼさないようにしっかりと鍋に戻す。

鍋の中身をいったん取り出す。ごぼうを取り出した鍋に塩を振る。

エリンギ（乱切り）、長いも（乱切り）と下から順に野菜を切って鍋に重ねていく。エリンギはごぼうの大きさに、長いもはごぼうの2倍の大きさが目安。

玉ねぎ（回し切り）、にんじん（乱切り）と順に重ねていく。にんじんの大きさは、ごぼうより少し小さめの乱切りにする。

ごぼうを戻して重ね、塩を振る。

できあがったら、蓋の水分を鍋に戻すように蓋をあける。

熱いうちは、長いもがくずれやすいので天地返しはせずにそっとバットに取り出す。粗熱が取れてから全体を混ぜ合わせると、長いもがくずれにくい。

粗熱が取れたら、保存容器に移す。

冷蔵庫で5日間保存可能

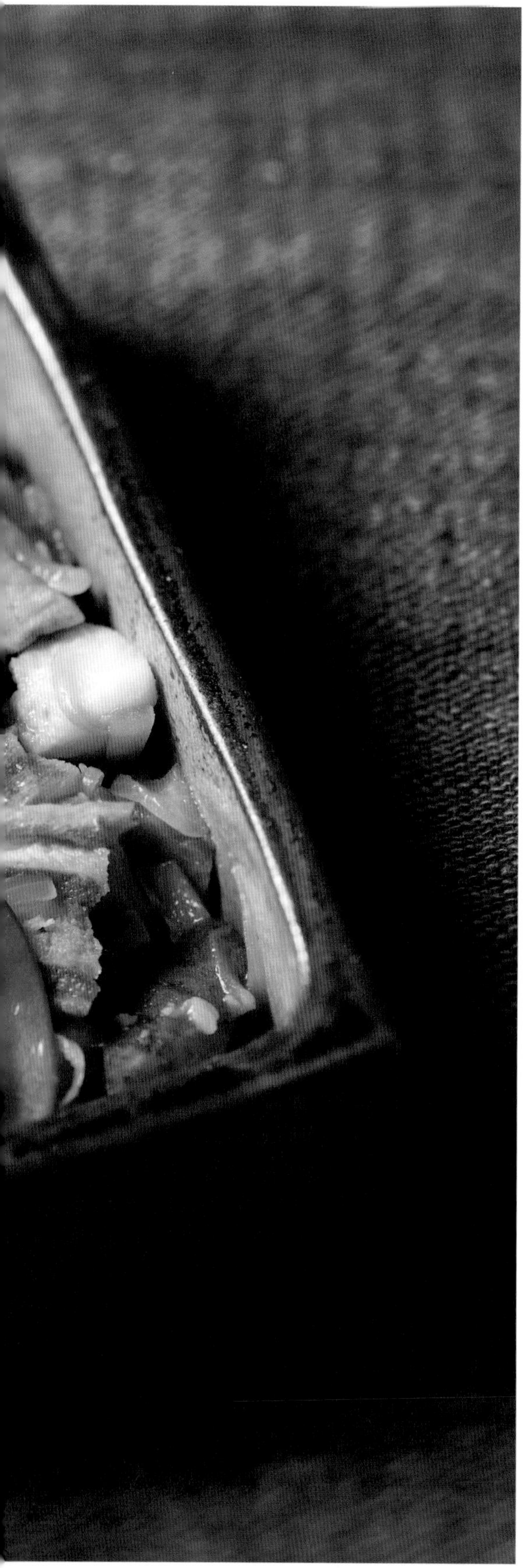

車麩の煮物

温かい重ね煮と、揚げたての車麩を合わせるのが美味しさのポイントです。私は、車麩を素揚げするとき、分量より１枚多めに作ります。揚げたての車麩は、まるでドーナツのよう。シナモンシュガーを振っておやつの時間です。煮物のついでに、ヘルシードーナッツを作って一休み。何しろ車麩が揚がったら、煮物はすぐに完成なのですから、休む時間は十分あります。

材料（4人分）

乱切りごぼうの重ね煮……200g
車麩……2枚
揚げ油……適量
A　しょうゆ……大さじ1
　　昆布だし……50㎖
絹さや……4枚

作り方

❶ 鍋に、筋を取った絹さや、水大さじ3（分量外）、塩ひとつまみ（分量外）を入れ、蓋をして中火で2分蒸し煮する。盆ざるに広げて冷ます（おか上げする）。
❷ 車麩はバットに並べ、かぶるぐらいの水に浸して戻す。戻した車麩の水気をしっかりと絞り、6等分に切る。180℃の揚げ油で素揚げをする。
❸ ボウルに温かい重ね煮と②を入れ、混ぜ合わせたAを回し入れる。
❹ 器に③を盛り、彩りに①を飾る。

ごまよごし

白ごま、黒ごまのダブルのごまで重ね煮をコーティングする、ちょっと贅沢な和え物です。味のアクセントにはピリリとした柚子胡椒。柚子胡椒の辛さでないとこの料理の味は決まらないのです。辛いものが苦手な私は、控えめに入れて、ほんのりピリリと仕上げます。この和え衣は、どんな食材とも相性がいいです。青菜や長いも、ごぼうにも、こちらの和え衣がよく合います。

材料（4人分）

乱切りごぼうの重ね煮……300g
和え衣
- 白ごまペースト……大さじ2
- 黒すりごま……大さじ2
- 塩……小さじ1/4
- 柚子胡椒……適量

貝割れ菜（あれば）……適量
クコの実（あれば）……適量

作り方

❶ ボウルに白ごまペースト、黒すりごま、塩、柚子胡椒を入れ、なめらかになるまで混ぜ合わせて和え衣を作る。かたいときは、水もしくは重ね煮の煮汁を少しずつ（大さじ2を目安に）加えてゆるめる。
❷ ①に重ね煮を加えて和える。
❸ 器に盛って、あれば貝割れ菜、クコの実を飾る。

豆乳みそスープ

おみそ汁に豆乳をプラスして、クリームスープ仕立てに。いつものおみそ汁から、気分を変えたいときにお試しください。コクもあり、ほっこり身体が温まるスープです。豆乳を入れたら強火は厳禁、あっという間に分離してしまいます。弱火でゆっくりと温めてください。体が冷えきっているときは、しょうがのすりおろしを添えて、どうぞ。より一層、ポカポカと温まります。

材料（4人分）

乱切りごぼうの重ね煮……200g
豆乳……200mℓ
水……400mℓ
みそ……適量（大さじ１くらいを目安に）
あさつき……適量

作り方

❶ あさつきは小口切りにする。
❷ 鍋に水と豆乳を入れて弱火で温める。重ね煮を加え、みそを溶く。
❸ 器に盛って、彩りにあさつきをのせる。

重ね煮プラス技●ごぼうのアクを旨みに変える

ごぼうと大豆deイタリアン重ね煮

オリーブ油	好みで1～2周ほど回しかける	
重ね塩	一番上に均一に塩を振る	小さじ1/2～1弱
ごぼう	300g（または1と1/2本）	大豆の大きさに揃える
にんにく	1片	みじん切り
梅酢	小さじ1	
オリーブ油	大さじ1	
玉ねぎ	400g（または2個）	大豆の大きさに揃える
大豆の水煮	250g（乾燥175g）	
マッシュルーム	150g	6～8等分
重ね塩	鍋底に均一に塩を振る	小さじ1/4弱

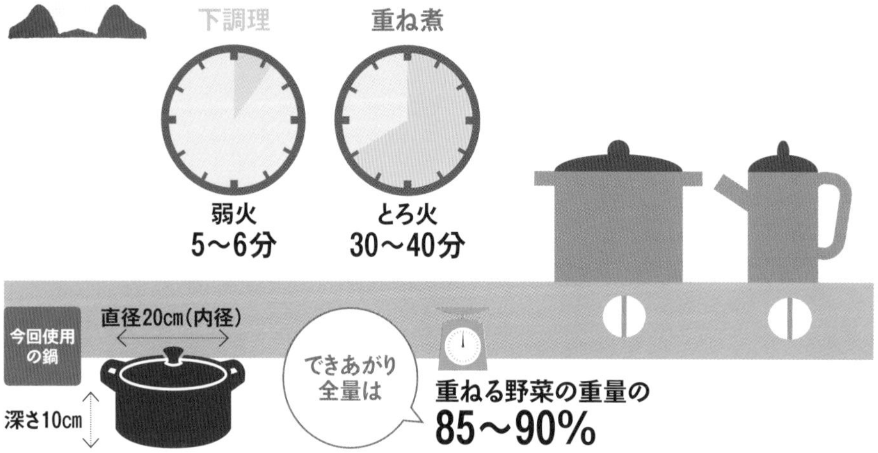
下調理
弱火
5～6分
重ね煮
とろ火
30～40分
今回使用の鍋
直径20cm（内径）
深さ10cm
できあがり全量は
重ねる野菜の重量の
85～90%

重ね煮を火にかける前に、野菜の上からオリーブ油を回しかけます。コトコトと火を入れていると、オリーブ油が下に降りていきます。下からは野菜から出てきた水分が蒸気になって上がります。水蒸気は鍋の蓋にあたり、冷めて水分となって鍋の中に戻ります。水分と旨みが対流し、オリーブ油とも調和。すべてがうまくまとまるでしょう。

オリーブ油を、ごぼうや大豆など和の色が濃い野菜と一緒に火を入れると、まるでオリーブ油からイタリアの情熱が注がれたように、重ね煮がゆっくりと、イタリアンの味に変化していきます。

ごぼうの梅酢蒸しは、アクを旨みにかえる一手間。梅酢がないときは塩で代用してください。ここで大切なのは、酢で白くすることではありません。必要なのは塩分です。

材料を切る前に
大豆の水煮

前日

大豆(乾燥)は1%の塩水(水500㎖に塩小さじ1が目安)に一晩つける。

当日

大豆をざるにあける。鍋に大豆、たっぷりの水を入れ40〜50分ほど茹でる。

1

完成の大豆の水煮

2

最初に下調理:ごぼうをにんにく風味の梅酢蒸しにする=ごぼうのアクを旨みに変える

鍋に3、4、5のオリーブ油を入れてよく混ぜ合わせたら、中火で炒める。ごぼうの香りが立ったら梅酢を加えて混ぜ合わせ、蓋をして弱火で5〜6分。途中で一度、上下を返す。鍋から一度取り出す

ごぼう 大豆の大きさに

3

にんにく みじん切り

4

オリーブ油・梅酢

5

鍋底に塩を振って6、2、7まで重ねたら、ごぼうのにんにく風味梅酢蒸しを戻して重ねる

マッシュルーム 6〜8等分

6

玉ねぎ 大豆の大きさ

7

大豆の茹で汁は捨てないで!

大豆の旨みと栄養がでています。スープやみそ汁を作る時に加えると、仕上がりの味もアップします。

すべてを重ねたら、塩を振ってオリーブ油を回しかけ、蓋をしてとろ火で30〜40分加熱する

ごぼうと大豆 de イタリアン重ね煮
作り方をもっと詳しく!

鍋にごぼう（大豆の大きさに切る）、にんにく（みじん切り）、オリーブ油を入れ、油を全体にからませるように混ぜ合わせる。混ぜ合わせたら火をつけ、中火で炒める。

ごぼうの香りが立ったら、梅酢を加えて手早く混ぜ合わせる。

ごぼうを真ん中に集めて蓋をする。

途中で一度、上下を返す。

蓋をあける。この時、蓋にごぼうの水分（＝旨み）がついているので、こぼさないようにしっかりと鍋に戻す。鍋の中身をいったん取り出す。

ごぼうを取り出した鍋に塩を振る。

マッシュルーム（6〜8等分）、大豆の水煮、玉ねぎ（大豆の大きさに切る）と下から順に野菜を切って鍋に重ねていく。玉ねぎの上にごぼうを戻し、塩を振る。

最後にオリーブオイルを回しかける。（美味しさアップ！）

できあがったら、蓋の水分を鍋に戻すように蓋をあける。

鍋の底と上を返す（天地返しを行なう）。

全体に素材が混ざり合うまで行なう。

バットに広げる。粗熱が取れたら、保存容器に移す。

冷蔵庫で5日間保存可能

ねぎのスープ

ねぎを炒め蒸し煮にして引き出した、トロンとした甘みが、スープのだしになります。野菜はスープの素になる力を持っています。ぜひ、お試しください。ごぼうと大豆 de イタリアンの重ね煮を作る時に使用した大豆の煮汁が残っていたら、ぜひ活用を。大豆の旨みがでているので、スープにプラスすることで、味わいがさらに深まります。もちろん水だけでも問題ありません。

材料（4人分）

ごぼうと大豆 de イタリアン重ね煮……200g
ねぎ……１本
水（+あれば大豆の煮汁）……600mℓ
オリーブ油……大さじ1
塩……適量
こしょう……適量

作り方

❶ ねぎは小口切りにする。
❷ 鍋にねぎ、オリーブ油を入れ、全体をよく混ぜ合わせる。中火にかけ、ねぎの香りが立ってきたら、蓋をして3分ほど蒸し煮にする。
❸ ②に大豆の煮汁と足りなければ水を足して600mℓを加え、重ね煮を入れる。一煮立ちしたら、塩、こしょうで調味する。
※大豆の煮汁がない場合は、水600mℓで。

にんじんドレッシングのサラダ

にんじんをすりおろして、酢、オリーブ油を加えてドレッシングにすると、香りも味もまろやかになり、子どもたちも食べやすくなります。生のにんじんには、ビタミンCを壊す酵素がありますが、酢を加えることで、その働きを止めることができます。にんじんのオレンジ色は、目にも鮮やかで食卓が華やぎます。火をしっかり入れた根菜に、生の根菜を合わせるバランスも気に入っています。

材料（4人分）

ごぼうと大豆 de イタリアン重ね煮……200g
にんじんのすりおろし……100g（にんじん約1/2本分）
酢……大さじ1
オリーブ油……大さじ2
塩……小さじ1/3
こしょう……適量
あれば、パセリ（彩り用）……適量

作り方

❶ ボウルににんじんのすりおろし、酢、オリーブ油を合わせ、塩、こしょうで調味する。
❷ 重ね煮を加えて合わせる。
❸ 器に盛り、あればパセリを散らす。

ラザニア

ソースから作ると本当に美味しくできあがります。手間をかけるラザニア。重ね煮トマトソース(p12)、豆乳ホワイトソースと2種のソースの準備が必要です。一度に仕上げることが大変なときは、2日に分けて準備。ソースは2種類とも冷凍可能。私は耐熱容器にラザニアとソースを仕込んだものを、一度に3個ほど作って冷凍保存します。疲れて帰ってきた日は、このラザニアを温めるだけでOK。豆乳ホワイトソースはバターではなく、オリーブ油を使うとベジホワイトソースになります。

具材を作る

材料(4人分)

ごぼうと大豆 de イタリアン重ね煮……200g
重ね煮トマトソース(作り方p12)*……400g

作り方

❶ 鍋にごぼうと大豆 de イタリアン重ね煮、重ね煮トマトソースを入れて一煮立ちさせる。

豆乳ホワイトソースを作る

材料(4人分)

豆乳(または牛乳)……300㎖
バター(またはオリーブ油)……20g
小麦粉……大さじ3
塩……小さじ1/3
こしょう……少々

作り方

❶ フライパンにバターを弱火で熱し、バターが溶けてきたら小麦粉を加えてよく混ぜる。
❷ 豆乳1/4量を少しずつ加えながら溶き、全体がなめらかになったら再び豆乳1/4量を加えて溶かす。1/4量ずつ豆乳を加えて溶かすことを繰り返し、なめらかなソースを作る。
❸ 塩、こしょうで調味する。

ラザニアを仕上げる

材料(4人分)

具材
豆乳ホワイトソース
ラザニア……6〜8枚
溶けるチーズ……大さじ3
パン粉……適量

作り方

❶ ラザニアは袋の表示通りに茹でる。
❷ 耐熱容器に豆乳ホワイトソース、具材、ラザニアの順に2回繰り返して重ねる。
❸ 最後はラザニア、豆乳ホワイトソース、具材、チーズ、パン粉の順に重ねる。
❹ 200℃のオーブンで10〜12分焼く。

*重ね煮トマトソースをトマト水煮缶で代用するには

重ね煮トマトソース(p12)の保存がないときは、水煮缶を使ってトマトソースを作ることもできます。ただし、仕上がりのラザニアの美味しさは、重ね煮トマトソースを使うほうが、トマトの水煮缶で作るソースよりも美味しいです。

材料(作りやすい分量)

トマトの水煮缶……1缶
玉ねぎ……200g(中1個)
オリーブ油……大さじ3
塩……適量

作り方

❶ 玉ねぎは縦半分にして繊維を断ち切るように5㎜厚さの薄切りにする。
❷ 鍋に①を入れ、オリーブ油、塩を加えてよく混ぜる。よく混ぜたら火をつけ、しっかりと炒め煮する。玉ねぎが透き通ってきたら蓋をし、弱火で20分ほど蒸し煮にする(p19玉ねぎのオリーブオイル蒸しの作り方①〜⑤参照)。
❸ 玉ねぎがやわらかくなったらトマトの水煮を加え、さらに15分ほど煮込む。

重ね煮プラス技● ごぼうのアクを旨みに変える

おかずみその重ね煮

みそ	200～250g	
ごぼう	400g（または2本）	みじん切り
梅酢	小さじ1	
ごま油	大さじ1	
にんじん	200g（または1本）	みじん切り
玉ねぎ	200g（または1個）	みじん切り
干ししいたけ	6～8枚	みじん切り
まいたけ	80g（または4/5パック）	みじん切り
重ね塩	鍋底に均一に塩を振る	小さじ1/4弱

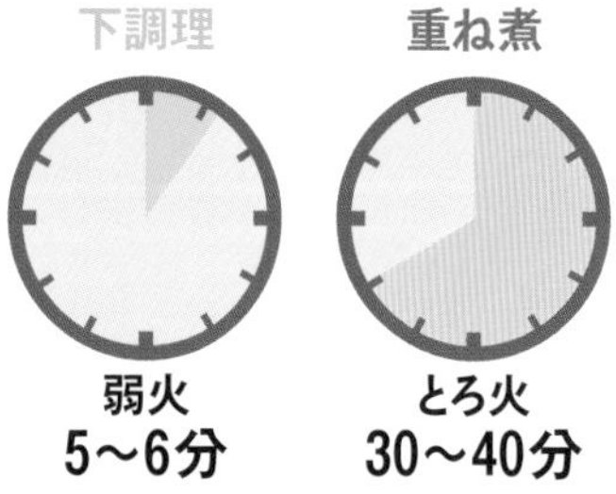
下調理
弱火
5～6分
重ね煮
とろ火
30～40分

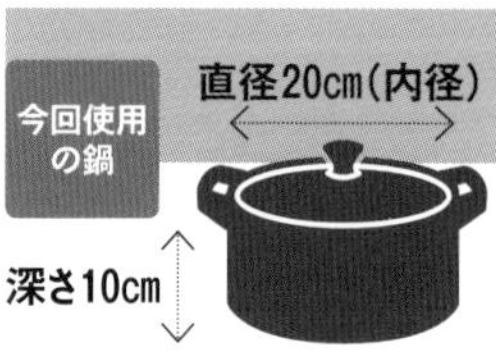
今回使用の鍋
直径20cm（内径）
深さ10cm

できあがり全量は
重ねる野菜の重量の
85～90%

みそと根菜の絶妙なハーモニーを感じる重ね煮です。根菜をたくさんみじん切りにします。切ることに集中できる方にとっては、ストレス解消にもなります。苦手な方は、気持ちと時間に余裕のある日にゆっくりと取り組んでください。

どうしても苦手な方は、「文明の力をお借りします」と、フードプロセッサーに手伝ってもらってください。一度は試していただきたい重ね煮なのです。ただし、この場合も、玉ねぎは包丁を使って切ることをおすすめします。よく切れる包丁で繊維をつぶさずに切ると、味わいは格段にいいのです。フードプロセッサーと包丁で切ったみじん切りの重ね煮を、食べ比べてみると、その違いを感じることができて面白いです。もし重ねる野菜の量が、レシピの分量では多いと感じるときは、半量でどうぞ。

最初に下調理：ごぼうを梅酢蒸しにする＝ごぼうのアクを旨みに変える

ごま油・梅酢

3

ごぼう

みじん切り

2

材料を切る前に
干ししいたけを戻す

前日に準備する
干ししいたけは
たっぷりの水につけ、
冷蔵庫に
一晩入れて戻す。

みそは種類によって塩分が違うため、表記の分量は目安にしてください。

1

ごぼうの梅酢蒸しを一度取り出し、鍋底に塩を振って下に重ねる野菜から順に切って重ねていく

玉ねぎ

みじん切り

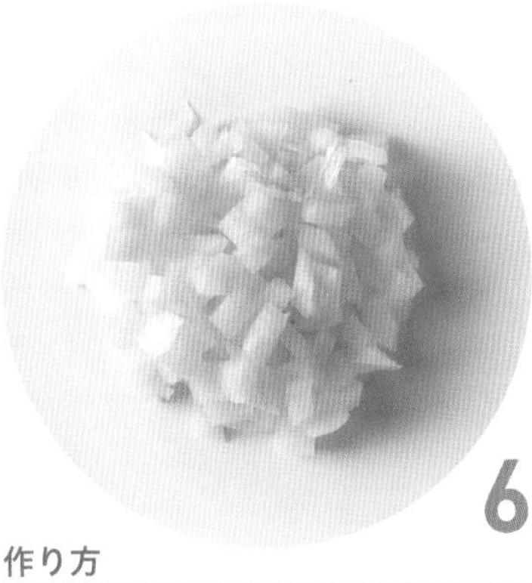

6

干ししいたけ

みじん切り

5

まいたけ

みじん切り

4

作り方

❶ 干ししいたけを戻す。
❷ 鍋に2、3のごま油を入れてよく混ぜ合わせたら、中火で炒める。ごぼうの香りが立ったら梅酢を加えて混ぜ合わせ、蓋をして弱火で5～6分。途中で一度、上下を返す。蓋をあけて鍋から一度取り出す。
❸ 鍋底に塩を振る。4、5、6、7の順に重ねたら、②を重ねる。
❹ 上に8を数か所において蓋をし、とろ火で30～40分加熱。

みそ

8

にんじん

みじん切り

7

おかずみその重ね煮
作り方をもっと詳しく!

鍋にごぼう(みじん切り)、ごま油を入れ、油が全体にからまるように混ぜ合わせる。混ぜ合わせたら火をつけ、中火で炒める。

ごぼうの香りが立ったら、梅酢を加えて手早く混ぜ合わせる。

ごぼうを真ん中に集めて蓋をする。

途中で一度、上下を返す。

蓋をあける。この時、蓋にごぼうの水分(=旨み)がついているので、こぼさないようにしっかりと鍋に戻す。

鍋の中身をいったん取り出す。

ごぼうを取り出した鍋に塩を振る。

まいたけ、干ししいたけ、玉ねぎ、にんじん(すべてみじん切り)を重ね、ごぼうを戻して重ねる。

いちばん上にみそをのせる。

みそは小さくまとめ、まんべんなくのせる。

できあがったら、蓋の水分を鍋に戻すように蓋をあける。

鍋の底と上を返し（天地返しを行なう）、みそと野菜をしっかりと混ぜ合わせる。

バットに広げ、粗熱が取れたら保存容器に移す。

冷蔵庫で5日間保存可能

中華ちまき

おかずみその重ね煮が、中華ちまきの調味料そのものになります。竹の皮で包む余裕がないときは、おこわに仕上げます。おこわの作り方は、もち米とおかずみその重ね煮を炒めるところまで、今回のレシピ通り進め、包まずにそのまま蒸し器で蒸し上げます。もしくは、炊飯器で炊きます。いずれにしても、熱々が一番のごちそうです。冷めたら温めて召し上がれ。冷凍で保存もできます。

材料（5個分）

おかずみその重ね煮……80g
もち米……250g
ごま油……大さじ1
干しえび……10g
酒……50㎖
合わせ調味料
　水＋えびの戻し酒……100㎖
　しょうゆ……大さじ1弱
　酒……大さじ2
　塩……小さじ1
　こしょう……少々
竹の皮……5枚
たこ糸

作り方

❶ ボウルにもち米、たっぷりの水を入れて6時間ほどおき、ざるにあげて30分おく。
❷ 干しえびは酒に1時間以上つける。
❸ 竹の皮は水に浸す。干しえびを刻む。ボウルに合わせ調味料の材料を入れて混ぜ合わせる。
❹ フライパンにごま油を熱し、水をきったもち米、刻んだ干しえびを入れ、もち米が半透明になるまで中火でじっくりと炒める。
❺ ④に重ね煮を加え、さらに炒め合わせる。
❻ もち米全体につやがでてきたら、合わせ調味料を回し入れ、もち米にまんべんなく行き渡るように、全体を大きく混ぜながら炒める。
❼ 汁気がなくなり、パチパチと焼ける音がしたら火を止める。バットにあけ、粗熱を取る。バットの中で5等分にする。
❽ 竹の皮を水から取り出し、布巾でふき、1個分の⑦を包んでたこ糸で縛る。全部で5個作る。
❾ 蒸気の上がった蒸し器に入れて30分ほど蒸す。

※竹の皮がないときは、アルミホイルで包むか、クッキングシートを竹の皮のように切って包む。

おかずみその卵チャーハン

材料（4人分）

おかずみその重ね煮……100g
ご飯……600g
卵……２個
にら……1/2束
菜種サラダ油……大さじ1
塩……小さじ 1/3
しょうゆ……小さじ1

作り方

❶ にらは2㎝長さに切る。
❷ フライパンに菜種サラダ油大さじ1/2を熱し、割りほぐした卵を入れて炒り卵を作り、一度取り出しておく。
❸ フライパンに菜種サラダ油大さじ1/2を熱し、重ね煮を入れてサッと炒め、香りが立ったらご飯を加える。塩、しょうゆで調味する。
❹ ③に、①、②の順に加えて混ぜ合わせる。

おかずみその重ね煮を、卵とにらと一緒に炒めて風味アップ。にらをレタスにかえたり、ご飯をうどんにしたりと組み合わせも広がります。ご飯におかずみそをのせて海苔を巻くだけも美味。

蒸し野菜のおかずみそクリーム

材料（4人分）

おかずみその重ね煮……100g
生クリーム……80㎖
チンゲンサイ……1/2束
塩……ひとつまみ

作り方

❶ ボウルに重ね煮、生クリームを混ぜ合わせる。
❷ チンゲンサイは１本ずつ分ける。
❸ フライパンに水大さじ３（分量外）、塩、チンゲンサイを入れ、蓋をして強火で３分蒸し煮にし、盆ざるに広げて冷ます（おか上げする）。
❹ 器に③盛り、①をかける。

※生クリームは、豆乳にかえて仕上げることもできます。

おかずみそクリームは、蒸し野菜だけでなく、麺や蒸し鶏にも合うソースです。ご飯に混ぜ込むとドリアに変身。生クリームを豆乳にかえて、ヘルシーに仕上げるのもおすすめです。

びっくりミートソース

おかずみその重ね煮に入っているごぼうの粒々食感が、まるでミートソースのお肉のように感じるから、不思議です。ごぼうだと気づかない人もいるようです。ごぼうの仕事ぶりを褒めながら楽しみたいソース。重ね煮トマトソース（p12）を使うと、旨みの相乗効果で、ミートソースよりももっと高級なソースのように感じます。重ね煮トマトソースは保存ができるので、ぜひ活用してください。

材料（4人分）

おかずみその重ね煮……150g
重ね煮トマトソース（作り方p12）……400g
（ないときはトマトの水煮缶）
にんにく生姜（作り方p10）……大さじ2
オリーブ油……大さじ2
酒……50㎖
塩……小さじ1/2
しょうゆ……大さじ
黒こしょう……少々
サワークリーム……大さじ2
フリッジ（古代小麦のパスタ）……240g

作り方

❶ フライパンににんにく生姜、オリーブ油を入れて熱し、にんにくがきつね色になるまで炒めたら酒を加えて、にんにく生姜の色止めをする。
❷ ①に重ね煮トマトソースを加えて温め、おかずみその重ね煮を加え、塩、しょうゆ、黒こしょうで調味する。仕上げにサワークリームを加える。
❸ パスタは表示通りに茹でる。
❹ パスタと②のソースをしっかり混ぜ合わせて盛り付ける。

※サワークリームがないときは、生クリームまたは牛乳、豆乳などで。

重ね煮プラス技● スパイスを使って
ミート風ベジソースの重ね煮

おかずみその重ね煮のアレンジでミートソースを作るのではなく、野菜だけでミートソースのような風味を作る重ね煮です。ポイントは、みじん切りにした切り干し大根にクミンパウダーをまぶすこと。日本の食材と海外のスパイスの出合いが、ミートソース風を作りだしました。

重ね塩	一番上に均一に塩を振る	小さじ1/2～1弱
みそ	30g	
にんじん	150g（または3/4本）	みじん切り
玉ねぎ	300g（または中1と1/2本）	みじん切り
クミンパウダー	小さじ1	切干し大根にまぶす
切り干し大根	30g	同量の水で戻してみじん切り
大豆の水煮	200g（乾燥100g）	粗みじん切り
トマト	600g（または4個）	手でちぎる
まいたけ	100g（または1パック）	みじん切り
重ね塩	鍋底に均一に塩を振る	小さじ1/4弱

今回使用の鍋
直径20cm（内径）
深さ10cm

できあがり全量は
重ねる野菜の重量の
85～90%

作り方

［前日］

❶ ボウルに1％の塩水（水500㎖に塩小さじ1が目安）を用意し、大豆（乾燥）を一晩つける。

［当日］

❷ 大豆をざるにあけて、たっぷりの水を入れた鍋で40～50分茹でる（大豆の煮汁はスープなどに使用できるので保存しておくとよい）。大豆を粗みじん切りにする。

❸ 切り干し大根はざるでふるって汚れを取り、同量の水（30g）で10分ほど戻す。水で洗うと旨みが逃げるので洗わずに水で戻す。戻した大根は、みじん切りにする。

❹ ③をバットに広げ、クミンパウダーをまぶす。

❺ トマトは手でちぎる。

❻ 鍋底に塩を振り、みじん切りにしたまいたけ、⑤、②、④、みじん切りにした玉ねぎ、にんじんの順に重ねる。いちばん上にみそを重ねたら、塩を振る。

❼ とろ火で30～40分加熱する。

❽ 鍋の蓋の水分を逃さないように蓋をあけ、しゃもじで上下を返す（天地返しをする）。

4

5

冷蔵庫で5日間保存可能

ミートソースの重ね煮

オーストラリアでの講習に向けて考案したオージー重ね煮です。ミートソースは、世界中の方が食べやすいソースだと思います。ごぼう、れんこんが入手しにくい国でも、にんじん、トマトであれば手に入ります。現地のワイルドなお肉と野菜をなじみやすくするために、クミンパウダーを使っています。日本のお肉を合わせるときは、お好みで加減してください。

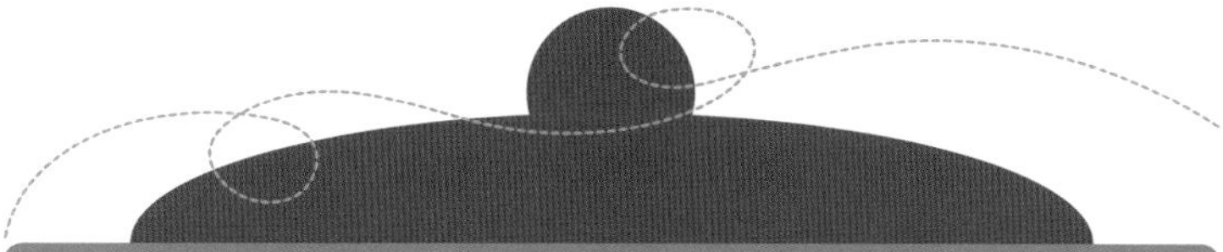

重ね塩	一番上に均一に塩を振る　小さじ1/2～1弱	
みそ	30g	
牛ひき肉	400g	
クミンパウダー	小さじ1	
黒こしょう	適量	
塩	小さじ1/2	
にんにく	1片	みじん切り
にんじん	150g（または3/4本）	みじん切り
トマト	600g（または4個）	手でちぎる
まいたけ	100g	みじん切り
重ね塩	鍋底に均一に塩を振る　小さじ1/4弱	

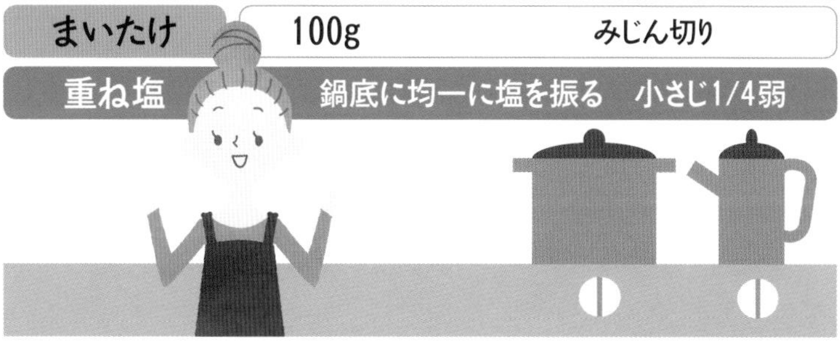

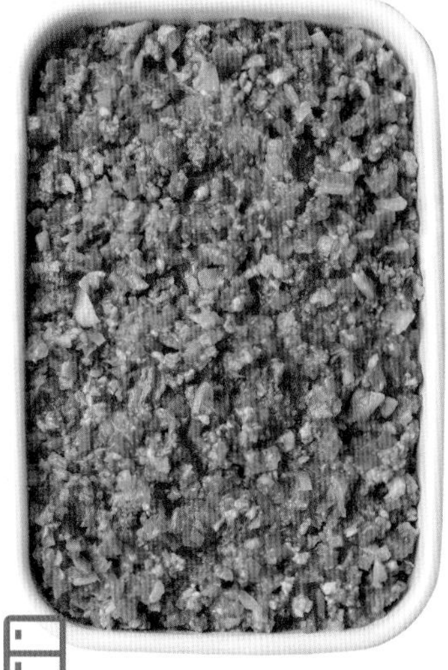

冷蔵庫で5日間保存可能

作り方

❶ 牛肉にクミン、塩、こしょう、にんにくのみじん切りをなじませておく。
❷ トマトは手でちぎる。
❸ 重ね煮をする鍋に①、水40～50㎖を入れ、菜箸２組み分で粘りがでないよう肉をほぐしたら、火をつける。弱火にかけ、肉の色が変わり始めたら、へらで混ぜながら火を通す。
❹ 一度鍋から取り出し、鍋底に塩を振り、みじん切りにしたまいたけから順に重ね、いちばん上にみそをおく。
❺ とろ火で30～40分加熱する。
❻ 鍋の蓋の水分を逃さないように蓋をあける。
❼ しゃもじで上下を返し（天地返し）ながら、しょうゆ大さじ１（分量外）を加える。もし、水分が多いときは、ふたたび火をつけて水分を飛ばす。

3

4

7

ミートソースパスタ

ミートソースは、まずはシンプルにパスタでいただくのが一番です。ミート風ベジソースの重ね煮、ミートソースの重ね煮、びっくりミートソース（p111）など、お好みのソースでどうぞ。その日の気分に合わせてベジやお肉ありを作り分けられます。その時の自分にピッタリ合う味を作れるのも重ね煮ならでは。いずれのソースも重ね煮らしい、優しい味わいのパスタになります。

材料（4人分）

ミート風ベジソース or ミートソースの重ね煮……適量
スパゲティ（古代小麦のパスタ）……240 g
オリーブ油……適量
パルメザンチーズ（好みで）……適量
塩……適量

作り方

❶ スパゲティは、塩ひとつかみを加えたたっぷりの熱湯で、麺がくっつかないように混ぜながら、袋の表示時間通りに茹でる。
❷ 水気をきってボウルに移し、オリーブ油を軽く回しかけ、塩で調味する。
❸ 器に盛って、温めたベジまたはミートソースの重ね煮をかけ、好みでチーズをかける。

キャベツのごちそうボール

ミートソースの重ね煮、ミート風ベジソースの重ね煮、どちらでもお好みのソースでどうぞ。『となりのトトロ』のトトロに持ってもらいたいと思いついた料理で、イタリアの伝統的なお菓子・ズコットからイメージして作りました。このように時々、お菓子の世界を料理で表現したくなります。結んだり、オーブンで焼いたりと手間は多少かかりますが、パーティーを可愛らしく彩ります。

材料（4人分）

ミート風ベジソース or ミートソースの重ね煮……300g
キャベツの外側の葉……4～5枚
キャベツ……200g
くるみ……30g
塩ケッパー……12粒
オリーブ油……大さじ1
ひよこ豆の水煮……80g（乾燥40g 戻し方p11参照）
溶けるチーズ……適量
ローリエ……1枚
たこ糸

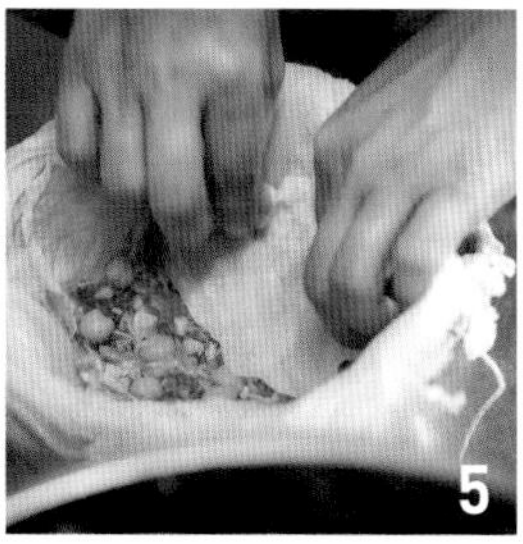

作り方

❶ キャベツの外側の葉は、熱湯でさっと茹でる。そのほかはみじん切りにする。
❷ くるみ、塩ケッパーは粗みじん切りにする。
❸ フライパンに、キャベツのみじん切り、くるみ、塩ケッパーを入れ、上からオリーブ油を回しかけたら、火をつける。蓋をして蒸し煮をする。
❹ キャベツがしんなりしたら、重ね煮、ひよこ豆の水煮を加えて、一煮立ちさせる。
❺ ボウルの底に50㎝ほどに切ったたこ糸2本を十字におき、その上にキャベツの外側の葉を4～5枚を広げてのせる。その上に④を詰め込む。真ん中あたりで溶けるチーズものせる。具材を全部詰めたら、キャベツの葉で包み込み上下をひっくり返す。
❻ たこ糸でキャベツの葉を小包のようにしっかりと縛る。結び目の下にローリエを挟む。
❼ 天板に⑥を置き、塩少々（分量外）を振り、オリーブ油（分量外）を回しかけ、180℃オーブンで30分ほど焼く。
❽ 器に盛って4等分に切り分ける。

ひと鍋

重ね煮プラス技● 通称「玉ねぎだし」を重ねる

野菜の力を知るベジシチュー重ね煮

重ね塩	一番上に均一に塩を振る　小さじ1/2～1弱	
にんじん	150g	斜め薄切り
玉ねぎ	600g（または中3個）	繊維を断ち切る薄切り
オリーブ油	大さじ3	
塩	小さじ1	
セロリ	2本（または200g）	斜め薄切り
エリンギ	400g	せん切り
マッシュルーム	100g	4個は丸いまま、残りは薄切り
重ね塩	鍋底に均一に塩を振る　小さじ1/4弱	

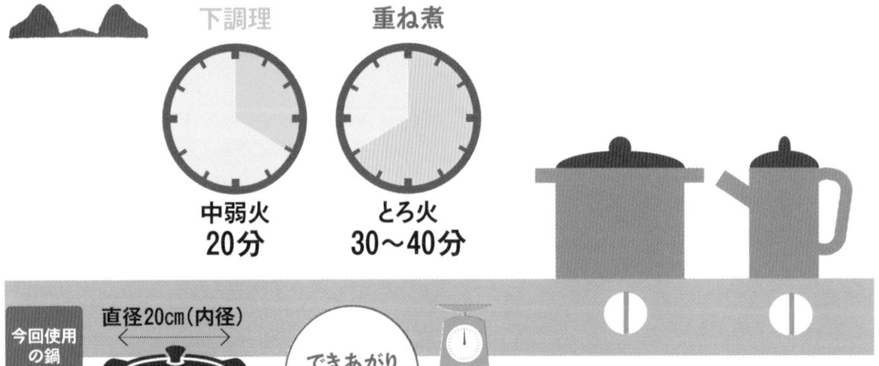
下調理
重ね煮
中弱火
20分
とろ火
30～40分

今回使用の鍋
直径20cm（内径）
深さ10cm

できあがり全量は
重ねる野菜の重量の
85～90%

重ね煮に使用する玉ねぎに、繊維を断ち切る切り方を取り入れたこと、同時にオリーブオイル蒸しの調理法と出合ったことで、この重ね煮が生まれました。野菜だけで本格派シチューを作るための重ね煮です。重ね煮ができあがったら、そのまま仕上げの工程に入ります。

玉ねぎのオリーブオイル蒸しの旨みと、数種の野菜の旨みを重ね煮で調和させると、固形や顆粒のスープの素がなくても、お肉が入らなくても、味わいの深いシチューができあがります。海外の方に召し上がっていただいた時、言葉はなくとも、「美味しい！」の表情だけでコミュニケーションがとれてしまう、わくわくの体験をしました。このシチューは、私の料理の世界と、言葉を交わさないコミュニケーション（ボディランゲージ）の世界をグンと広げてくれました。

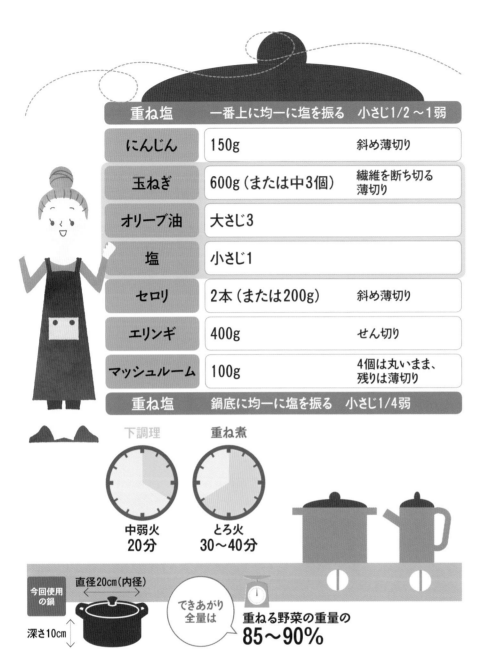

切り方と作り方

最初に下調理：玉ねぎをオリーブオイル蒸しにする＝玉ねぎだしを作る

オリーブ油・塩

2

玉ねぎ　縦半分に切り、繊維に直角に薄切りする

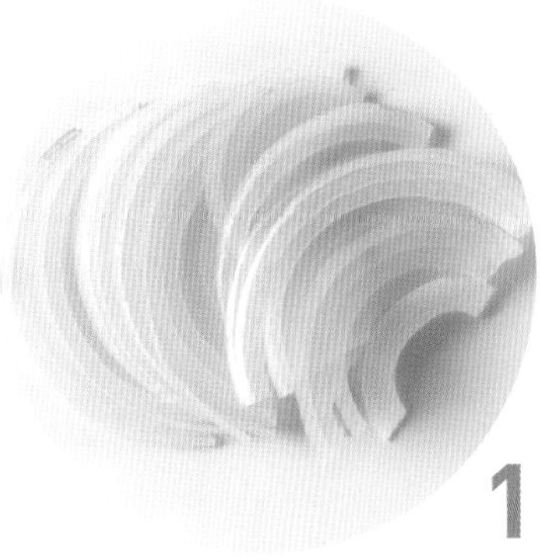

1

玉ねぎのオリーブオイル蒸しを一度取り出し、
鍋底に塩を振って下に重ねる野菜から順に切って重ねていく

エリンギ　せん切り

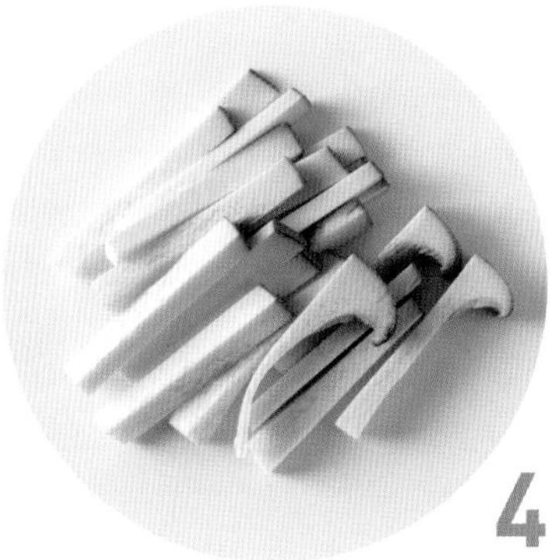

4

マッシュルーム　4個は丸いまま、残りは薄切りに

3

にんじん　斜め薄切り

6

セロリ　斜め薄切り

5

作り方

❶ 鍋に1、2を入れてよく混ぜ合わせたら、蓋をして中弱火で20分加熱する。蓋をあけて鍋から一度取り出す。
❷ 鍋底に塩を振る。3、4、5を重ねたら、①を戻して重ね、6を重ねる。
❸ 塩を振って蓋をし、とろ火で30～40分加熱する。
❹ 仕上げの調理（p119）へ。

野菜の力を知るベジシチュー重ね煮

作り方をもっと詳しく!

鍋に、玉ねぎ（繊維に直角に薄切り）、オリーブ油、塩を入れてしっかりと混ぜ合わせる。

オリーブ油が全体にからまるように混ぜ合わせたら、蓋をして火をつける。

蓋をあける。この時、蓋に玉ねぎの水分（=旨み）がついているので、こぼさないようにしっかりと鍋に戻す。

鍋の中身をいったん取り出す。

マッシュルームを薄切りにして鍋に入れる。4個はそのまま重ねる。

エリンギ（せん切り）、セロリ（斜め薄切り）を順に重ねたら、玉ねぎを戻して重ねる。いちばん上に、にんじん（斜め薄切り）を重ねる。

にんじんの上から塩を振る。

できあがったら、蓋の水分を鍋に戻すように蓋をあける。鍋の底と上を返す（天地返しを行なう）。丸のままの4個のマッシュルームは、飾り用に取り出しておく。全体に素材が混ざり合うまで行なう。すぐにシチューを作らないときはバットに広げ、粗熱が取れるまで冷ます。

冷蔵庫で5日間保存可能

シチューに添える具材の一例

[マッシュルーム]
重ね煮の時に丸のまま。

[ブロッコリー]
ブロッコリー１株は小房に分ける。芯は外側のかたいところを切り落とし、棒状に切る。フライパンに水を大さじ3、塩小さじ 1/4 を入れ、そこへ小房に分けたブロッコリーを入れる。蓋をして強火で3分蒸し煮にする。盆ざるに広げて冷ます（おか上げする）。

[塩ケッパーの粉ふきいも]
じゃがいも2個は皮をむき、大きめに切る。塩ケッパー小さじ１は刻む。鍋にじゃがいも、かぶるぐらいの水、塩ケッパーを入れて蓋をせずに火にかける。水分がなくなったら鍋をゆらし、じゃがいもが粉を吹くまで水分をよく飛ばす。
（塩ケッパーがないときは、塩小さじ１を入れる）

[ハーブ風味のにんじん]
にんじん中１本は斜めに大きく、細長く切る。鍋ににんじん、たっぷりの水、塩ふたつまみ、ハーブミックス小さじ１を入れ、にんじんがやわらかくなるまで煮る。

※写真には牛肉を入れていませんが薄いステーキ肉を焼き、野菜と一緒に添えるとボリュームがでます。

仕上げの調理
ベジタブル極上シチュー

重ね煮した野菜をミキサーにかけると、野菜の表情がガラッと変わります。ピュレ状にした時からシチューが完成するまでに変化していく時々の味見も楽しんでいただきたいです。ピュレ状にしたものを冷凍保存してカレーにすることもできます。極上シチューは、器に盛って温野菜を添えると、豪華に完成します。

材料（重ね煮１鍋分　4～6人分）

重ね煮……600～700g（重ね煮１鍋分）
重ね煮トマトソース（作り方p12）……400g
（ないときはトマトの水煮缶）
水……300g
赤ワイン……100g
塩……小さじ１～

作り方

❶ 丸のままのマッシュルームを取り出した残りの重ね煮、水をミキサーに入れてなめらかになるまで撹拌する。
❷ 鍋に①、重ね煮トマトソース、赤ワインを入れ、ワインのアルコールが飛ぶまでじっくりと煮る。
❸ 塩を振って調味する。

ひと鍋

重ね煮プラス技●アクを旨みに

カポナータ風重ね煮

重ね塩	一番上に均一に塩を振る　小さじ1/2～1弱	
ごぼう	300g（または1と1/2本）	乱切り
塩ケッパー	5g	粗みじん切り
くるみ	25g	粗みじん切り
レーズン	50g	粗みじん切り
ゆずの皮	3g	粗みじん切り
オリーブ油	大さじ3	
にんじん	100g（または1/2本）	乱切り
玉ねぎ	300g（または1と1/2個）	回し乱切り
里いも	300g（または5個）	ごぼうの3倍の乱切り
さつまいも	150g（1/2本）	ごぼうの3倍の乱切り
しめじ	100g	小房に分ける
重ね塩	鍋底に均一に塩を振る　小さじ1/4弱	

※塩ケッパーがないときは、
塩3gを使ってください。

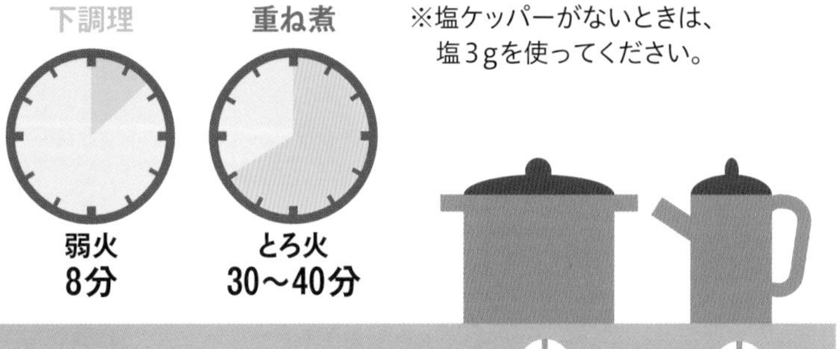

下調理
弱火
8分
重ね煮
とろ火
30～40分

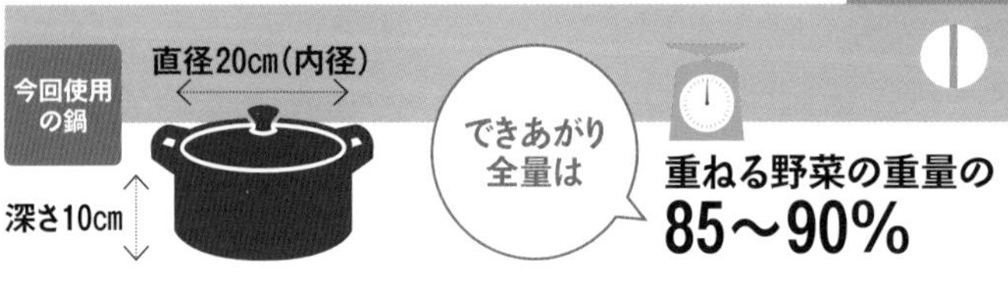

今回使用の鍋
直径20cm（内径）
深さ10cm
できあがり全量は
重ねる野菜の重量の
85～90%

料理の本を眺めている時が私の癒やしの時間です。イタリア料理の本を見ていた時、イタリア南部に浮かぶシチリア諸島の郷土料理カポナータをみつけました。カポナータはレーズンやオレンジ、くるみをアクセントに、素揚げしたなすやセロリをトマトで煮込んでいく料理だと知り、すぐにでも食べたくなる、そんな食いしん坊の私です。

イメージした料理を、重ね煮にして味わいたくなる時が、私の創造のはじまりです。キッチンにあったものを重ねたら、ボーノ！　美味しくできあがりました。

作った時期が冬だったこともあり、カポナータそのものではなく、カポナータ〝風〟になっていることを、シチリア諸島の方々にお許しいただきたいです。信州の冬だからこそ生まれたレシピです。重ね煮ができあがったら、すぐに仕上げの調理に移ります。

最初に下調理：ごぼうを炒め蒸しする＝ごぼうのアクを旨みに変える

オリーブ油

塩ケッパー・くるみ レーズン・ゆずの皮 粗みじん切り

ごぼう 乱切り

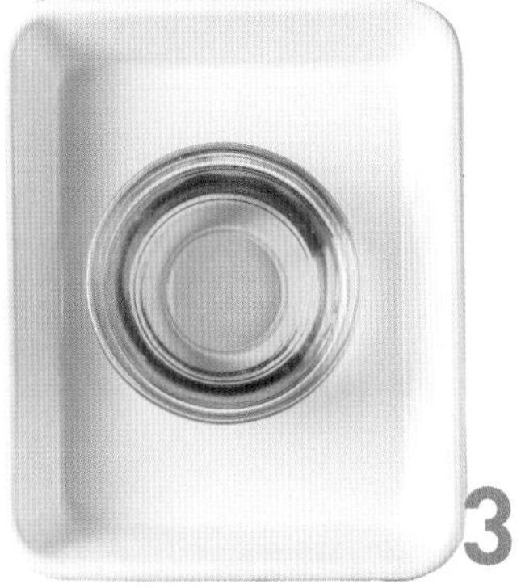

ごぼうの炒め蒸しを一度取り出し、鍋底に塩を振って下に重ねる野菜から順に切って重ねていく

里いも 乱切り 目安はごぼうの3倍の大きさ

さつまいも 乱切り 目安はごぼうの3倍の大きさ

しめじ 小房に分ける

にんじん 乱切り

玉ねぎ 回し乱切り

作り方

❶ 鍋に1、2、3を入れてよく混ぜ合わせたら、中火で炒める。ジリジリと音がしたら蓋をして、弱火で8分加熱する。蓋をあけて鍋から一度取り出す。

❷ 鍋底に塩を振る。4、5、6、7、8を重ねたら、①を戻して重ねる。

❸ 塩を振って蓋をし、とろ火で30～40分加熱する。

❹ 仕上げの調理 (p123) へ。

カポナータ風重ね煮
作り方をもっと詳しく!

鍋にごぼう（乱切り）、塩ケッパー（以下粗みじん）、くるみ、レーズン、ゆずの皮、オリーブ油を入れ、油が全体にからまるように混ぜ合わせる。混ぜ合わせたら火をつけ、中火で炒める。

ジリジリと音がしてきたら蓋をする。

蒸し煮する

ごぼうに六分ほど火が通ったら火を止めて蓋をあける。この時、蓋にごぼうの水分（＝旨み）がついているので、ごぼさないようにしっかりと鍋の中に戻す。

一度鍋から取り出す。

同じ鍋に塩を振り、しめじ（小房に分ける）、さつまいも（乱切り）、里いも（乱切り）、玉ねぎ（回し乱切り）、にんじん（乱切り）の順に重ねたら、ごぼうを戻して重ねる。

できあがったら、蓋の水分を鍋に戻すように蓋をあける。鍋の底と上を返して（天地返しを行なって）混ぜ合わせる。

冷蔵庫で5日間保存可能

仕上げの調理
カポナータ

仕上げは重ね煮トマトソース（p12）が活躍します。根菜とトマトソースにレーズンの甘み、くるみのコク、ゆずのさわやかな香りを感じます。パスタ、魚のムニエル、豆腐ステーキ、フライなどに添えてどうぞ。

材料（作りやすい分量）

カポナータ風重ね煮……1鍋分
重ね煮トマトソース（作り方p12）……400g
（ないときはトマトの水煮缶）
にんにく……1片
オリーブ油……大さじ2
塩……小さじ1/2
イタリアンパセリ（あれば）……適量

作り方

❶ 大きめの鍋にオリーブ油、つぶしたにんにくを入れて弱火にかけ、油が温まり、にんにくの香りが油に移ったらにんにくを取り出す。
❷ ①の鍋に、重ね煮トマトソース（トマトの水煮）、塩を入れて一煮立ちさせる。
❸ ②に重ね煮1鍋分をすべて入れ、弱火で10分ほど煮込む。
❹ 器に盛り、あればイタリアンパセリを飾る。

ひと鍋

重ね煮プラス技● 海外郷土料理の知恵を取り入れて

モロッコからの贈り物重ね煮

～はぁも煮スタイル

重ね塩	一番上に均一に塩を振る　小さじ1強	
鶏手羽中	8本	
にんにく	1片	薄切り
オリーブ油	小さじ2	
重ね煮トマトソース	200g（ないときはトマトの水煮缶）	
クミンパウダー	パプリカパウダー　各小さじ1	
塩	小さじ1	
水	200mℓ	
にんじん	120g（または2個）	大きめの乱切り
玉ねぎ	300g	くし形切り
大根	250g	大きめの乱切り
ローリエ	1枚	
ひよこ豆の水煮	120g（乾燥60g）	
レーズン	大さじ3	
かぼちゃ	300g	大きめのくし形切り
じゃがいも	500g	くし形切り
重ね塩	鍋底に均一に塩を振る　小さじ1/4弱	

土鍋

底の大きさ(20cm)

深さ8cm

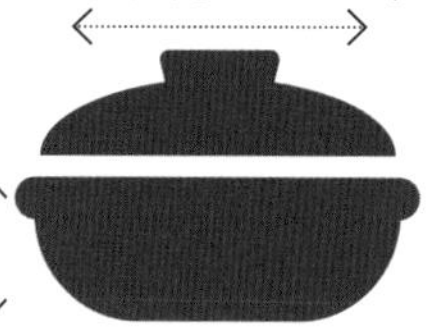

重ね煮

中火

沸騰するまで

弱火

2時間

人生初のアフリカ大陸への上陸は衝撃の体験ばかりでした。空気も人も習慣も街の雰囲気も、初めて尽くし。そんな異国感とは裏腹に、その土地で口にした物は、素材の味がしっかりとする、どこか優しい味わいで、私の好みに合うものばかりでした。

旅で刺激を受けると、その刺激を重ね煮で表現したくなります。日本人の知恵から生まれた重ね煮ですが、モロッコの伝統料理も、重ね煮スタイルで表現できることが楽しいのです。

ひとつの鍋でゆっくりと火を入れたらできあがり。重ね煮のあとの仕上げの調理はありません。温泉卵、クスクス、アリッサを添えていただきます。火を入れている時間は長いですが、せん切りを重ねる重ね煮よりも手間はかかりません。固形や顆粒スープの素などを使うこともありません。華やかな料理です。

材料を切る前に ひよこ豆の水煮

前日 ❶-1　ひよこ豆（乾燥）は1％の塩水（水500㎖に塩小さじ1が目安）に一晩つける。

❷　保存の「重ね煮トマトソース」がない場合は、できれば前日に作るといい（作り方p12）。

当日 ❶-2　一晩つけたひよこ豆をざるにあげる。鍋にひよこ豆、たっぷりの水を入れて40～50分ほど煮る。

1

完成のひよこ豆の水煮

2

ボウルに3を混ぜ合わせる。土鍋に5、6を入れて熱し、4を加えて表面を焼いたら、鍋から一度取り出す

オリーブ油

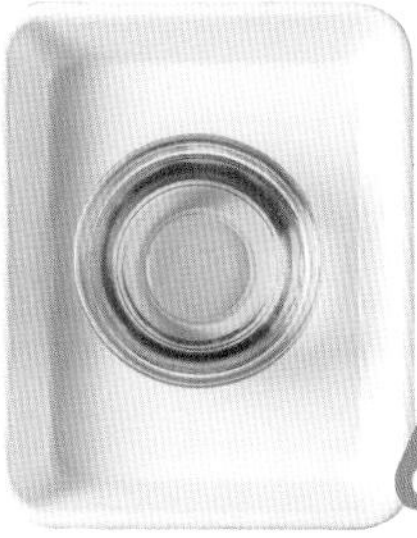

6

にんにく　薄切り

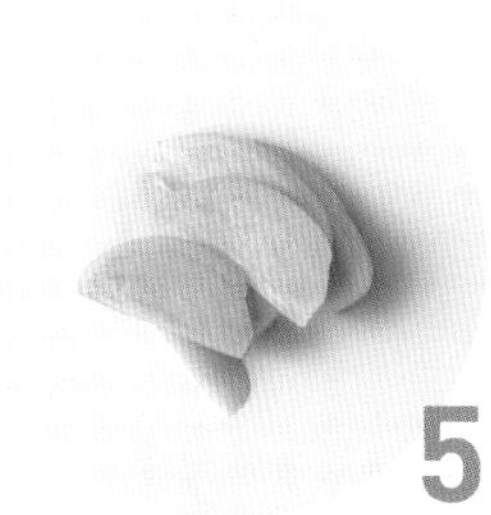

5

鶏手羽中　塩、こしょうを振る

4

重ね煮トマトソース・水（あれば、ひよこ豆の茹で汁＋水）・クミンパウダー・パプリカパウダー・塩

3

鍋底に塩を振って7、8、9、2、10、11、12、13まで重ねたら、混ぜ合わせた3を加え、鶏肉を戻して重ねる

ローリエ

10

レーズン

9

かぼちゃ　大きめのくし形切り

8

じゃがいも　くし形切り

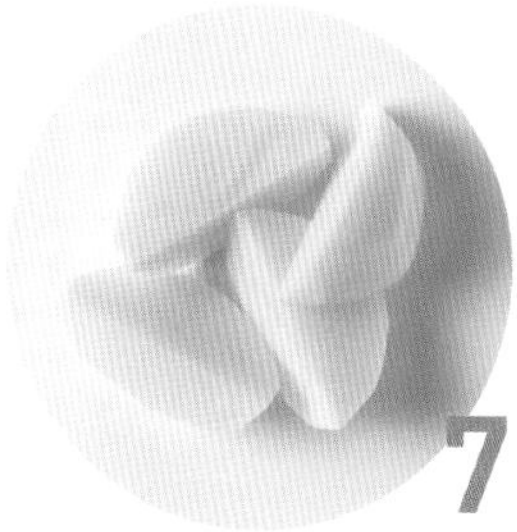

7

ローリエは、葉脈にそって数か所切り込みを入れ、サッと火にあぶる。

にんじん　大きめの乱切り

13

玉ねぎ　くし形切り

12

大根　大きめの乱切り

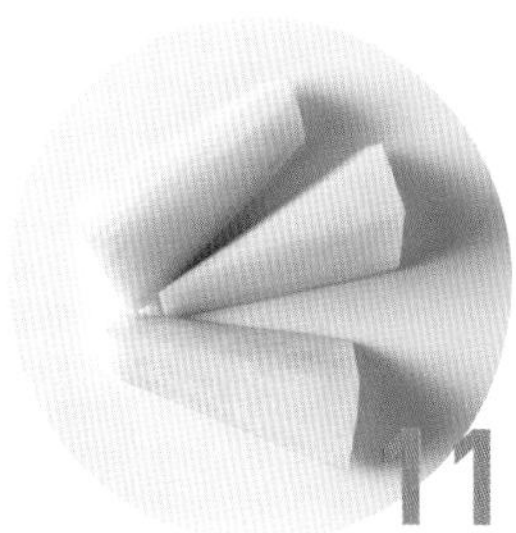

11

すべてを重ねたら、塩を振って蓋をし、中火で沸騰するまで、その後弱火で2時間加熱する

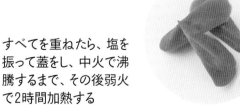

モロッコからの贈り物重ね煮〜はぁも煮スタイル

作り方をもっと詳しく!

ボウルに重ね煮トマトソース（作り方p12）、水（あれば、ひよこ豆の茹で汁＋水）、クミンパウダー、パプリカパウダー、塩を入れて混ぜ合わせる。

土鍋に（土鍋の焦げなどが気になる方はフライパンで）、オリーブ油、にんにくを入れて香りが立ったら、にんにくを取り出す。塩、こしょうをした鶏肉を入れ、表面を香ばしく焼き上げる。中まで火を通す必要はない。一度鍋から取り出す。

鍋底に塩を振り、じゃがいも（くし形切り）、かぼちゃ（大きめのくし形切り）、レーズン、茹でたひよこ豆を重ねたら、葉脈にそって切り込みを入れて火にあぶったローリエをのせる。

大根（大きめの乱切り）、玉ねぎ（くし形切り）、にんじん（大きめの乱切り）を重ねたら、上から重ね煮ソースを加える。

取り出しておいた鶏肉をのせ、塩を振る。

じっくりと蒸し煮にします。
かぼちゃの形は残ります。

おもてなし料理例
ふわふわ蒸しクスクス

材料（4～6人分）

クスクス……200g
バター（またはオリーブ油）……大さじ1

作り方

❶ ボウルにクスクスを入れ、かぶるくらいの熱湯を注ぎ、ラップをして10分ほど蒸らす。
❷ ①をよくほぐし、蒸気の上がった蒸し器に入れて10分ほど蒸す。
❸ クスクスから湯気が上がったら、バター（またはオリーブ油）を混ぜ溶かす。

2時間ほどしたら蓋をあける。できあがり後は、器に盛ってイタリアンパセリを添え、あれば温泉卵を落とすとさらに美味に。

作って3日後からが美味!
アリッサ

材料（作りやすい分量）

カイエンペッパー……15g
にんにくのすりおろし……大さじ1
クミンパウダー……小さじ1
パプリカパウダー……小さじ1
コリアンダーパウダー……小さじ1
しょうがのすりおろし……小さじ1
砂糖……小さじ1/2
オリーブ油……適量

作り方

❶ ボウルにオリーブ油以外の材料を入れて、よく混ぜ合わせ、ペースト状にする。
❷ 煮沸消毒をした瓶に入れ、オリーブ油で蓋をする。

冷蔵庫で30日間保存可能

※カイエンペッパーはチリペッパーでも。いずれも唐辛子をパウダー状にしたものだが、チリペッパーのほうが穏やかな辛さです。

安曇野
異国への旅

モロッコの旅が教えてくれた シンプルに生きる、食べることの大切さ

料理を完成させるには質のいい調味料が必要です。調味料を眺めると、その国の文化の深さを感じます。

モロッコではどのレストランや屋台に行っても、テーブルに塩、クミン、オリーブ油、時には自家製のバターがおいてあります。それらの味わいと香りの豊かさには驚くばかり。日本のレストランで、こんなにも質のいいオリーブ油をテーブルにおいて、「お好きなだけどうぞ」は、到底できないのではないでしょうか。

素材本来を楽しむ料理を提供し、薄いと感じる人は調味料、香辛料で自分好みに仕上げる。モロッコの食文化の知恵が詰まった食事を体験し、野菜本来の味を引き出し、アレンジ料理ではそれぞれの家庭の味に整える、そんな重ね煮スタイルに、通じるものがあるように感じました。

「アリババー」

この一言に感情と表情をのせて言葉を放つと、ベルベル人の方と、なぜか意思の疎通ができたのです。「アリババー」以外の言葉を交わすことなく、メルズーガ砂漠をラクダで横断しました。テントで満月を見る旅を過ごした日々は、これまでの人生で悩んできたことが、じつは悩むほどの問題ではなかったのかもしれない、という思いにしてくれました。

食べること、生きることは、シンプルで素直であることが大切で、このことが、人生を何よりも強く支える手段になることに、あらためて気づかせてもらえる旅でした。

帰国後は、この旅をご一緒した、静岡の「うつわ 暮らしの道具 テクラ」（p158）さんの地元、そして安曇野の野乃庵の2か所で、フランスとモロッコの思い出を料理で表現して、召し上がっていただく会を開催しました。

現地から持ち帰った食材と、食を通して感じたこと、体験から発想した新しい重ね煮をお披露目。p124のモロッコからの贈り物重ね煮は、お披露目会では「アリババからの贈り物重ね煮」という名前で紹介しました。

第三章

野乃庵・戸練わこさんの 根菜料理

重ね煮で作る わこさんの筑前煮

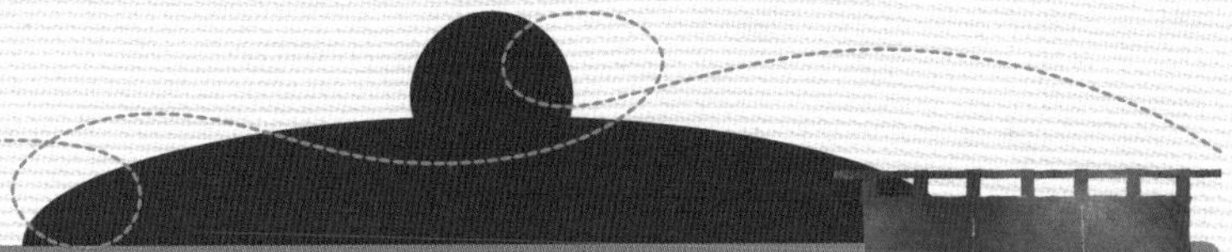

合わせ調味料

昆布だし	300mℓ	
しょうゆ	30mℓ	

重ね塩	一番上に均一に塩を振る　小さじ1/2～1弱	
れんこん	1節（または200g前後）	乱切りにして素揚げ
ごぼう	1本（または200g前後、50cm長さほど）	斜め切り
ごま油	大さじ1	
梅酢	小さじ1	
にんじん	120g（または1/2本）	乱切り
里いも	200g（または2個）	一口大
しいたけ	5～6枚	半分または 1/4 に切る
昆布	5cm角1枚（※合わせ調味料で使用の昆布を再使用）	
こんにゃく	1枚（または200gほど）	塩もみし、手で一口大にちぎる
重ね塩	鍋底に均一に塩を振る　小さじ1/4弱	

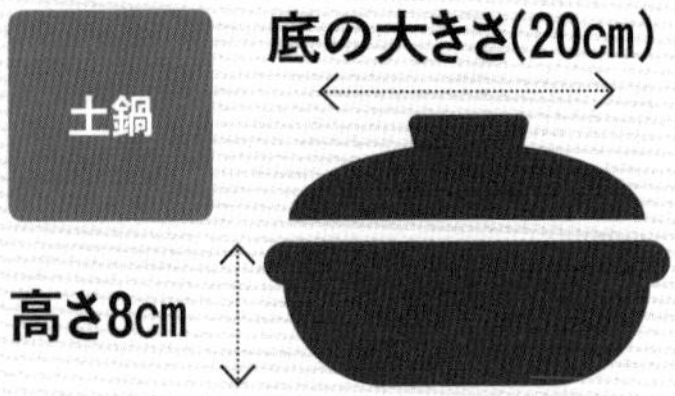

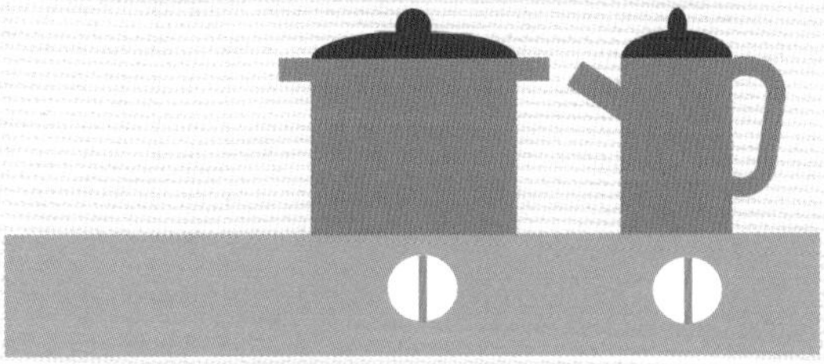

ひと鍋すべてを煮物に仕上げます。この筑前煮のように、水分や合わせ調味料を対流させることで、仕上げる重ね煮もあります。しょうゆの風味を、しっかりと染み込ませるために、合わせ調味料をたっぷり入れて重ね煮します。わが家の煮物の調味料は、しょうゆ：水＝1：10の割合です。

土鍋に野菜を重ね始める前に、合わせ調味料を作ったり、れんこんを素揚げしたりと、準備を整えます。素揚げしたれんこんや、車麩を加えてコクを出すのは母の知恵です。この重ね煮の工程の一つひとつが、日常の料理にも応用できます。

いつもより、少し大きめのお鍋を準備してたっぷり重ねてください。筑前煮は、2日目、3日目がとても美味しくなります。飽きたらどうしようという心配は無用。どんどん味わいが深くなるのですから。

切り方と作り方

作り方

❶ 合わせ調味料、**下ごしらえ1、2**を行なう。
❷ **下ごしらえ2**を行なった土鍋に塩を振り、**7、8、9、10、11、下ごしらえ2**を戻して重ね、その上に素揚げした**3**を重ねる。
❸ いちばん上に塩を振り、**1**の合わせ調味料を回し入れる。だしが沸騰するまでは中弱火で、沸騰したらとろ火で40分。
❹ 火を止め、**2**を加えて混ぜ合わせ、2～3時間おく。器に持って**4**を飾る。

1

最初に準備

合わせ調味料

昆布5㎝角1枚
水300㎖　しょうゆ30㎖

昆布は三等分し、左右に数カ所切り込みを入れる。鍋に水、昆布を入れて一晩。翌日、沸騰しないよう弱火に20分。昆布を取り出し、しょうゆを加える。

ごま油・梅酢

6

ごぼう｜斜め切り

5

下ごしらえ2

ごぼうの梅酢蒸し

土鍋にごぼうとごま油を入れて混ぜ合わせたら火をつける。中火で炒めて香りが立ったら梅酢を加え、蓋をして5～6分蒸し煮にし、いったん取り出す。

下ごしらえ1

車麩

2

3枚を水で戻して6等分し、しっかりと水気をきる。れんこんを素揚げする時に一緒に素揚げする

れんこん

3

乱切りにして素揚げ

絹さや

4

茹でて2～3等分に切る

ごぼうを梅酢蒸しして一度取り出し、

下に重ねる野菜から順に切って鍋に重ねていく

昆布

8

1の合わせ調味料に使用した昆布をはさみで適当な大きさに切る

こんにゃく

7

塩をまぶして、まな板の上で押しながら転がし、手で一口大にちぎる

にんじん

11

乱切り

里いも

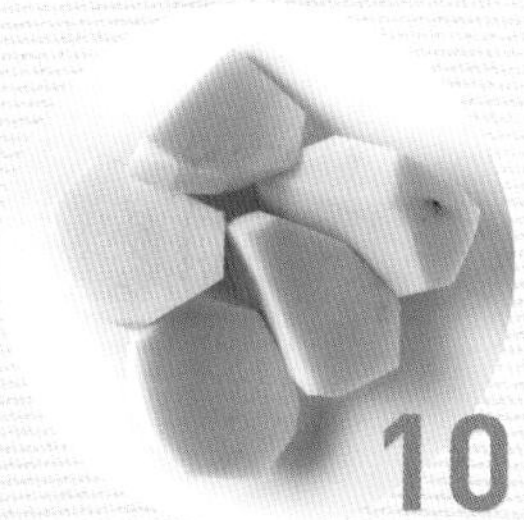

10

皮をむいて（または洗って皮をこそげ）一口大に切る

しいたけ

9

半分または1/4に切る。軸はみじん切りにする

わこさんの筑前煮

作り方をもっと詳しく!

鍋に水300㎖と昆布5㎝角1枚を三等分して(左右に切り込みを入れる)入れ、一晩つける。鍋に移して火をつけ、60℃で20分ほど煮て、昆布を取り出す。昆布の周りに小さな気泡がついている状態が60℃の目安。しょうゆ30㎖を加えて合わせ調味料を作る。

車麩はバットに並べ、かぶるぐらいの水に浸して戻す。戻した車麩の水気をしっかりと絞り、6等分に切る。

180℃の揚げ油で車麩を素揚げする。

れんこん(乱切り)を素揚げする。

土鍋にごぼう(斜め切り)、ごま油の順に入れ、油を全体にからませるように混ぜ合わせる。混ぜ合わせたら火をつけ、中火で炒める。ごぼうの香りが立ったら、梅酢を加えて手早く混ぜ合わせる。ごぼうを真ん中に集めて蓋をし、5〜6分蒸す。2〜3分たったら、一度上下を返す。

蓋をあける。蓋にごぼうの水分(=旨み)がついているので、こぼさないようにしっかりと鍋に戻す。鍋の中身をいったん取り出す。ごぼうを取り出した鍋に塩を振る。

こんにゃく(塩をまぶして、まな板の上で押しながら転がしたのち、一口大)、昆布(合わせ調味料で使用のものを適当な大きさに切る)、しいたけ(半分または1/4)、里いも(一口大)、にんじん(乱切り)の順に重ねたらごぼうを戻して重ね、最後に素揚げしたれんこんを重ねる。

塩を振ったあとに、合わせ調味料をまんべんなく回し入れる。蓋をする。

だしが沸騰するまでは
中弱火にかける。

だしが沸騰したら
とろ火にする。

車麩を加える。

そっと混ぜたら、再び蓋をして味が染み込むまで2〜3時間おく。

器に盛り、色よく茹でた絹さやを飾る。

＊しその実のみそ漬け

野乃庵の庭では、夏の終わりに青じその花が咲き、秋を迎えるころに実ができます。たくさんできるので、みそやしょうゆに漬け込んでストックしています。

保存期間1か月

作り方

❶ 穂じその茎をもち、指でしごいて実を外す（茎から実を外す）。
❷ 実を水でサッと洗い、ざるにあげて乾かす。
❸ 保存容器より一回り大きめのガーゼを用意し、水で濡らしてしっかりと絞る。
❹ 保存容器にみそを5㎜ほどの厚さに広げ、その上にガーゼを広げる。
❺ ④に②を均等に平らにのせて包み、その上にみそを5㎜ほどの厚さに広げる。
❻ 冷蔵庫で3日ほどおいたら食べることが可能に。
❼ 2週間ほどしたら、みそから実を取り出し、煮沸消毒した瓶に入れて冷蔵庫で保存する。

ごぼうのしその実炒め

ごぼうは、手軽に斜め薄切りに。ストックしている、「しその実のみそ漬け」を使うと、香りがパッと立ち上り美味です。しその実のみそ漬けがないときは、七味唐辛子を振りかけてください。

材料（作りやすい分量）

ごぼう……1本
ごま油……大さじ1/2　梅酢……小さじ1
しょうゆ……小さじ1
しその実のみそ漬け＊（市販品など）……大さじ1～

作り方

❶ ごぼうは斜め薄切りにする。
❷ 鍋に①、ごま油を入れ、油を全体にからませるように混ぜてから、火をつけて炒める。ごぼうの香りが立ったら、梅酢を加えて手早く混ぜ合わせる。
❸ ごぼうを真ん中に寄せて蓋をし、弱火でごぼうに火が通るまで5～6分蒸し煮にする。途中で一度上下を返す。
❹ しょうゆで調味し、しその実のみそ漬けをあわせる。

常備菜／冷蔵で3～4日保存可能

ごぼうのフリッター

私たち兄弟4人、子どものころから大好物のおかずです。マッチ棒状に切ったごぼうを、一本一本揚げます。まとめ揚げをすると、残念ながら1本で揚げたときの美味しさにはたどりつけません。まとめ揚げするときは、2本までに。1本ずつ揚げていくのは大変だと感じる方もいらっしゃるかもしれませんが、その分、きっと気に入っていただけると思います。最初は時間に余裕のある時に、作ってみてください。

材料（4人分）

ごぼう……2本
水溶き小麦粉……小麦粉、水各大さじ3
揚げ油……適量
たれ
しょうゆ……40㎖
みりん……40㎖
水……200㎖

作り方

1. ごぼうはマッチ棒のように切る。
2. よく溶いた水溶き小麦粉に①を1本ずつからめ、170℃の揚げ油で揚げる。
3. たれの材料をフライパンに入れて一煮立ちしたら、②を入れてサッとからめる。

れんこんとこんにゃくとしめじの炒め物

比較的、手軽にできる炒め物です。3種の野菜の絶妙な組み合わせによる、食感の違いが美味しさの秘密です。忘れてはいけないのが、ピーナッツの粗みじん。ピーナッツをかなり多めに使って仕上げています。冷蔵庫で3日前後保存できますので、常備菜としての活用も可能です。

材料（作りやすい分量）

れんこん……1節
こんにゃく……1/2枚
しめじ……1/2パック
ごま油……大さじ1
赤唐辛子……1本分
しょうゆ……大さじ1/2
刻んだピーナッツ……大さじ1
塩……少々

作り方

❶ れんこんは薄いいちょう切りに、こんにゃくは塩をまぶしてまな板の上で転がしたあと、短冊に切る。しめじは小房に分ける。赤唐辛子は輪切りにする。
❷ フライパンにごま油を熱し、れんこん、赤唐辛子を入れてサッと炒め、一度フライパンから取り出す。
❸ フライパンに塩を軽く振り（分量外）、こんにゃく、しめじ、れんこんの順に重ねたら、上から塩少々を振って蓋をして弱火で15分ほど蒸し煮にする。
❹ れんこんに火が通ったら全体を混ぜ合わせ、しょうゆで調味する。器に盛り、刻んだピーナッツを散らす。

常備菜／冷蔵で3〜4日保存可能

わこさんのかぶ料理

かぶを購入する時は、葉付きを選びます。葉をいただくのと捨てるのでは、1株からの栄養摂取量はまったく異なります。ご紹介する2品はかぶを丸ごと、しかも手軽にできる料理です。かぶとごまの和えものは、塩味のかぶと香ばしいごまの甘みが相まって食欲が増進。彩りに、かぶの葉をどうぞ。かぶの葉には、青菜とは少し違った独特の風味があり、油揚げと一緒に煮びたしにすると、旨みに変化します。油揚げがないときは、豆腐や厚揚げをくずして代用してください。かぶの葉を小松菜やほうれん草などにかえて作ることもできます。

かぶとごまの和えもの

材料（作りやすい分量）

かぶ……4個
塩……かぶの重量の2％量
かぶの葉……1/4株分
白すりごま……適量

作り方

❶ かぶは薄いいちょう切りにし、塩を振って10分ほどおき、水分をしっかりと絞る。
❷ かぶの葉はサッと茹で、3㎝長さに切る。
❸ ボウルに①、②を合わせ、白すりごまをたっぷりと加えてサッと和える。

常備菜／冷蔵で3～4日保存可能

かぶの葉と油揚げの煮びたし（写真上）

材料（2人分）

かぶの葉……3/4～1株分
油揚げ……1/2枚
しょうゆ……20㎖
塩……ひとつまみ
水……200㎖

作り方

❶ 鍋にたっぷりの湯（分量外）を沸かし、塩（分量外）を加えてかぶの葉を色よく茹でる。軽く水気をきって3㎝長さに切る。
❷ 油揚げは沸騰した湯の中で片面3秒ずつ茹でて油抜きをし、1㎝幅の短冊に切る。
❸ 鍋に水、しょうゆ、塩を入れて火にかけ、沸騰したら②を入れて味を煮含ませる。仕上げに①を入れたらすぐに火を止める。

わが家のポテトサラダ

奈良で営んでいた天然酵母パン&レストラン『べてぃず・きっちん』の、売り上げナンバー1の総菜です。美味しさのポイントは、玉ねぎのみじん切りをていねいに仕上げること、じゃがいもを〝蒸す〟こと。ホクホクの味わいがたまりません。マヨネーズも自家製ですが、市販のものでもOKです。

材料（作りやすい分量）

じゃがいも……中3個
玉ねぎ……中1/2個
パセリのみじん切り……適量
塩……適量
こしょう……適量
マヨネーズ……適量

作り方

❶ じゃがいもは蒸気の上がった蒸し器に入れ、中火で竹串がスーッと入るまで蒸す。熱いうちに皮をむき、ボウルに入れてつぶす。
❷ 玉ねぎは粗みじん切りにする。ざるに入れて塩大さじ1/2を目安に振り、しっかりと揉み込む。流水で塩を洗い流し、布巾に包んでしっかりと水気をきる。
❸ ①の粗熱が取れたら、②、パセリのみじん切り、マヨネーズを加えてよく混ぜ合わせる。

自家製マヨネーズ

材料（作りやすい分量）

卵黄……1個分
酢……大さじ1
塩……小さじ 1/2
こしょう……適量
菜種サラダ油……100㎖
粒マスタード……大さじ1

作り方

❶ ボウルに卵黄、酢、塩、こしょうを入れてよく混ぜ合わせる。
❷ ①に少しずつ菜種サラダ油を流し込みならが、ハンドミキサーでしっかりと乳化させる。仕上げに粒マスタードを加える。

冷蔵庫で2週間ほど保存可能

わこさんの根菜を美味しくする一品

田楽みそ

材料（2人分）

みそ……100g
砂糖（粗製糖）……40g
（砂糖を控えたい方は、甘酒50g～に変更できます）
みりん……20㎖
酒……20㎖　卵黄……1個分

作り方

❶ 大きめの鍋にすべての材料を入れる。
❷ 弱火にかけ、全体につやと粘りがでるまで木べらで練り上げる。
❸ 火を止め、よく冷ましたら、保存容器に入れる。

冷蔵で2か月保存可能

田楽みそとして、なす、大根などに。
プラス素材で、アレンジ田楽みそに。

ゆずの皮をプラスして＝ゆずみそ
豆板醤をプラスして＝豆板醤みそ
すり鉢ですったくるみをプラスして＝くるみみそ
刻んだふきのとうをごま油で炒めてプラス＝ふきみそ
刻んだねぎをごま油で炒めてプラス＝ねぎみそ
炒めた牛肉をプラスして＝牛肉みそ

こんにゃくの田楽みそ

手網こんにゃくを作る。板こんにゃくは塩をまぶして下処理したら8㎜幅に切り、切ったこんにゃくの中央に1㎝ほどの切り込みを入れる。こんにゃくの下側の端を中央の穴に入れ、反対側にでたこんにゃくをひっぱる。鍋に昆布、たっぷりの水を熱し、手網こんにゃくを入れて温める。食べる直前に田楽みそをつける。

小玉ねぎの田楽みそ

材料（作りやすい分量）

小玉ねぎ……5～6個
昆布……5㎝角1枚
田楽みそ……適量
けしの実（あれば）……適量

作り方

❶ 鍋に昆布を敷き、上に皮をむいた玉ねぎをおく。玉ねぎがかぶるまで水を入れ、やわらかくなるまで弱火でコトコト煮る。
❷ 器に昆布を敷いて、玉ねぎを盛り、田楽みそをかけ、あれば、けしの実を振る。

ケシの実とは

ケシ科の二年草ケシの種子。食用のほか油を採取する。種子は丸くて細かく、色は黒、白、肌色、青。煎って卵焼き、照り焼きなどに振ると香ばしい。すりつぶして香りづけにサラダや麺に。

安曇野 野乃庵の暮らし

自然と仲良く、四季の恵みを大切に一日をていねいに過ごす

➡築100年以上の木の温もりを感じる古民家は、天井が高く、ゆったりと落ち着く空間。⬆訪れた土地で求めたお気に入りの器や、季節の設いがお出迎え。

心も体も豊かにしてくれる料理を作り、自然の中で生きていきたい——。還暦を期に、この安曇野を終の住処と決めて、夫婦で奈良より移り住みました。

信州のおいしいものは、きれいな水と空気と太陽をたくさん浴びて育った野菜や庭の野草たち。

待ちに待った春。野乃庵の庭は、まさに野原です。せり、つくし、ふき、よもぎ、たんぽぽの葉。野原に訪れた春の野草を摘んで、野原のかき揚げに。ほろ苦かったり、香ばしかったり、甘かったり、それが幸せです。

梅雨には、晴れ間をみて庭の老梅から梅を採り梅仕事。

信州の夏は、わが家のキッチンにとってもうれしい季節です。ご近所の畑から、レタス、きゅうり、トマト、なす、オクラなどの夏野菜が、庭先のベンチに毎朝のようにどっさり届けられます。たくさんの方に支えられて、新鮮なおいしいお野菜で料理もさらに楽しくなります。

秋。裏庭の柿が色づき、栗が実を落とし始めると、栗の渋皮煮、干し柿と秋の手仕事が始まります。そして、冬仕度の野沢菜漬け、たくあん漬けと続きます。信州に来て、四季折々の手仕事を愉しむようになりました。関西では経験できなかった手仕事です。

四季折々の大地からの贈り物に豊かさをいただいています。わが家では、いつも野菜たちに「ありがとう」と声をかけて料理します。「ありがとう。あなたが好きよ」と言って料理すると、野菜たちも一生懸命おいしくなってくれるような気がします。

（文／野乃庵・戸練わこ）

重ね煮お食事処　野乃庵
完全予約制
料理：3200円～
（重ね煮を中心とした野菜のコース料理）
住：安曇野市穂高2004
☎：0263-50-6588
休：不定休　駐車場あり

第四章

にんじんの重ね煮で体感

—変幻自在の可能性—

変幻自在な重ね煮

にんじんの重ね煮

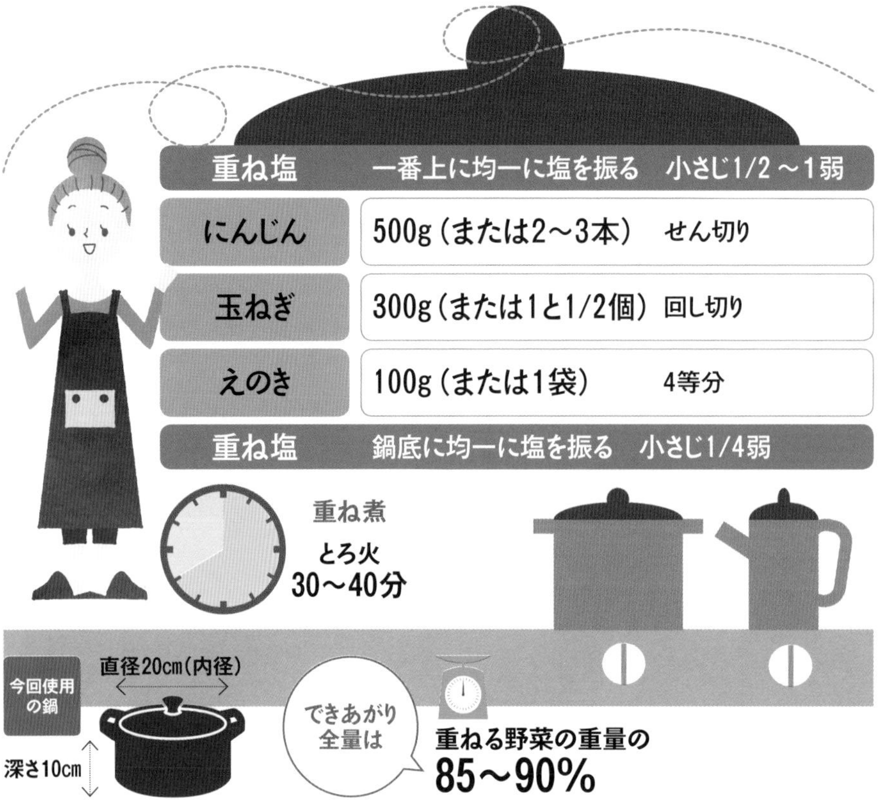

重ね塩 一番上に均一に塩を振る 小さじ1/2～1弱
にんじん 500g（または2～3本） せん切り
玉ねぎ 300g（または1と1/2個） 回し切り
えのき 100g（または1袋） 4等分
重ね塩 鍋底に均一に塩を振る 小さじ1/4弱
重ね煮
とろ火
30～40分
今回使用の鍋
直径20cm（内径）
深さ10cm
できあがり全量は
重ねる野菜の重量の
85～90%

にんじん せん切り

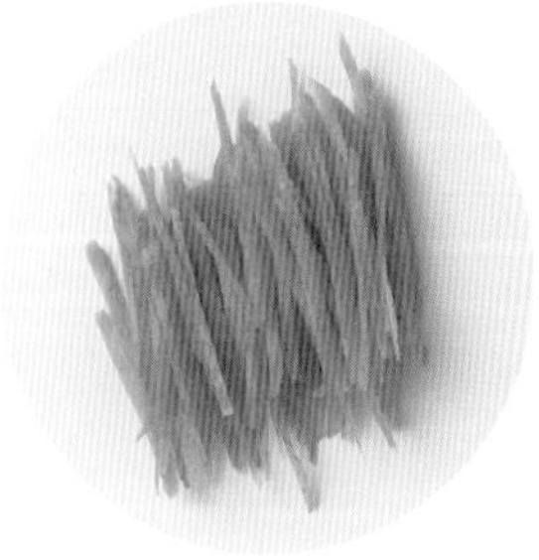

玉ねぎ 回し切り

えのき 4等分

にんじんの色、香り、味わいを引き立てるよう、玉ねぎの割合を少なめに、きのこはバターのようなコクを生むえのきを使った基本の重ね煮の応用です。重ね煮は、組み合わせる野菜の種類、割合に決まりはありません。自由な発想でチャレンジできます。せん切りが苦手な方は、別の切り方で。今回、せん切りにしたのは、離乳食から日常の食事、さらに介護食まで幅広く対応できる料理を考えてのことです。にんじんのせん切りは、噛みやすくなります。

アレンジ料理は、おかずからスイーツまで広がります。豆乳を合わせてスープに、果汁と合わせてスイーツに。もちろん、毎日のおみそ汁、卵焼きの具としても活用できます。アレンジは無限。重ね煮をストックしておくと、日々の食事が手軽に作れ、しかも野菜を豊かにいただけます。

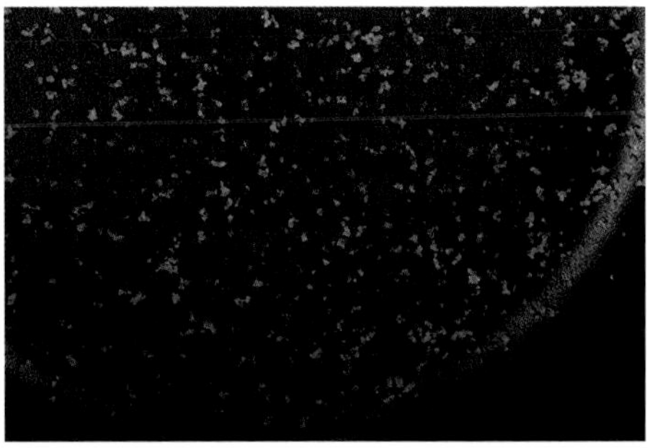

鍋に塩を振って、下に重ねる野菜から順に切って鍋に重ねていく。

※焦げるのが心配なときは、いちばん下にしらたきを加えるとよい。

いちばん上に塩を振り、蓋をする。

できあがったら、蓋の水分を鍋に戻すように蓋をあけ、鍋の底と上を返して（天地返しを行なう）、全体を混ぜ合わせる。バットに広げ、粗熱が取れたら保存容器に移す。

冷蔵庫で5日間保存可能

保存の重ね煮をアレンジ

白和えやグラタンなど工程の多い料理が、手軽に美味しくできる。

たとえば　にんじんラペ……p144
にんじんの白和え……p144
マカロニグラタン……p145

豆乳と合わせて

合わせる豆乳の割合でポタージュからホワイトソース、さらにムースへと展開できる。

たとえば　にんじんのポタージュ……p145
重ね煮と白身魚のテリーヌ……p146

100%果汁（100%ジュース）と合わせて

スムージー、シャーベット、ゼリーなど、スイーツへと展開できる。

たとえば　重ね煮ホットスムージー……p147
重ね煮ジンジャーシャーベット……p147
重ね煮のふわふわゼリー……p148

にんじんの白和え

昨日はにんじんラペで今日は白和え。同じ重ね煮を入れる日が続くときは、重ね煮を入れすぎないこと。控えめでも十分に具材としての役割を果たします。和え衣の味を生かすことがポイントです。

材料（4人分）

にんじんの重ね煮……100g
豆腐（絹）……200g
白ごまペースト……小さじ2
塩……小さじ1/4
しょうゆ……5滴
絹さや……2枚

作り方

❶ 豆腐は沸騰した湯で3分ほど茹で、ざるにとって粗熱を取る。絹さやはサッと茹でて、斜めせん切りにする。
❷ すり鉢に①の豆腐を入れてなめらかになるまでする。白ごまペーストを加え、塩、しょうゆで調味する。
❸ ②に重ね煮を加え、合わせる。器に盛って絹さやを飾る。

にんじんラペ

重ね煮にレーズンとくるみをアクセントに加えたサラダです。重ね煮ならではの優しい甘みが楽しめます。小学生の子どもたちには、オリーブ油にはちみつ大さじ1を合わせてかけると食べやすくなります。

材料（4人分）

にんじんの重ね煮……300g
くるみ……大さじ1
レーズン……大さじ1
塩……小さじ1/4
オリーブ油……適量
パセリのみじん切り……少々

作り方

❶ くるみはフライパンで乾煎りして、粗みじん切りにする。
❷ ボウルに重ね煮、レーズン、①を入れ、塩、オリーブ油を回しかけて調味する。
❸ 器に盛り、パセリのみじん切りを飾る。

にんじんのポタージュ

ここでは豆乳のポタージュにしましたが、牛乳にかえても、生クリームたっぷりにかえてもOK。ポタージュは、野菜クリームソースとしてホワイトソースのような活用もできます。

材料(4人分)

にんじんの重ね煮……160〜200g
豆乳……400㎖
水……200m㎖
塩……小さじ1/4 〜

作り方

❶ ミキサーに重ね煮、豆乳、水を入れてなめらかになるまで撹拌する。
❷ 鍋に①を入れて火にかけ、塩で調味する。

マカロニグラタン

マカロニと重ね煮をケチャップで混ぜ、炒めてすぐに食べてしまうこともよくありますが、グッと我慢して、器に入れてチーズをのせてグラタンに。子どものころから大好きなおかずです。

材料(4人分)

にんじんの重ね煮……200g
マカロニ……200g
にんにく……1片
ツナ缶……1缶
オリーブ油……大さじ1
ケチャップ……大さじ3
塩……小さじ1/3
こしょう……適量
溶けるチーズ……適量

作り方

❶ マカロニは袋の表示通りに茹でる。
❷ フライパンにオリーブ油を熱し、せん切りにしたにんにく、油をきったツナを入れて炒める。
❸ 香りが立ったら、①、重ね煮を加え、ケチャップ、塩、こしょうで調味する。
❹ グラタン皿に③を入れ、溶けるチーズをのせ、オーブントースターでチーズに焦げ目がつく程度に焼く。

重ね煮と白身魚のテリーヌ

介護食の方にも楽しんでいただけるおもてなし料理です。その分、手順は多くなります。回復食や介護食として、スルッと食べられて、栄養価も高いおかずを考えるとき、フレンチスタイルの料理にヒントがあるように思います。多くの方が美味しく、しかも皆でわいわいとテーブルを囲むことができる一皿を……と願い、作ったテリーヌです。理想と現実に幅があることは承知しながら、食べる意欲は生きる力と考え、心を込めました。

材料（12×7.5×4㎝の流し缶1個分）

［白のテリーヌ］
豆乳……100㎖
クリームチーズ……30g
塩……小さじ1/4
粉寒天……小さじ1/4

［にんじんのテリーヌ］
にんじんの重ね煮……80g
豆乳……100m㎖
白身魚（今回は鱈を使用）……50g
酒……小さじ2
塩……小さじ1/4
粉寒天……小さじ1

作り方

❶ 白のテリーヌを作る。白のテリーヌの材料をすべてミキサーに入れ、なめらかになるまで撹拌する。
❷ 鍋に①を入れて火にかける。木べらで混ぜて一煮立ちしたら、流し缶に静かに流し入れ、粗熱を取る。
❸ にんじんのテリーヌを作る。白身魚に酒、塩を振り、フードプロセッサーですり身にする。
❹ ③に重ね煮、豆乳、粉寒天を加え、なめらかになるまでよく混ぜ合わせる。
❺ 鍋に④を入れて火にかける。木べらで混ぜ、一煮立ちしたら、②の上に静かに流し入れる。
❻ 冷蔵庫に入れて、しっかりと冷やし固める。

重ね煮ジンジャーシャーベット

自然の甘さを目指しました。製作過程で味わいに物足りない何かを感じ、模索しました。しょうがを加えてみると、全体の味がピシッとしまって完成しました。とても手軽に作れるシャーベットです。

材料（4人分）

にんじんの重ね煮……150g
レモン汁……大さじ1
はちみつ……大さじ1
100%りんごジュース……100mℓ
しょうがのすりおろし……小さじ1/4 ～1/2
レモン、ミントの葉（あれば）……適量

作り方

❶ レモン、ミントの葉以外の材料をミキサーに入れて、なめらかになるまで撹拌する。
❷ 保存容器に①を入れ、冷凍庫に入れる。30分ごとにフォークでかきまぜる。この作業を5回行なう。
❸ 器に盛り、あればレモン、ミントの葉を飾る。

※固まりすぎたときは、フードプロセッサーにかけてシャーベット状にする。

重ね煮ホットスムージー

ポタージュのようなジュースです。りんごジュースとみかんジュースの2種をミックスすると、酸っぱすぎず、甘すぎずの絶妙の味わいに。ホットでもアイスでも美味しく召し上がっていただけます。

材料（4人分）

にんじんの重ね煮……200g
100%みかんジュース……400mℓ
100%りんごジュース……200mℓ

作り方

❶ すべての材料をミキサーに入れて、なめらかになるまで撹拌する。
❷ 鍋に①を入れて火にかけ、温める。

重ね煮の
ふわふわゼリー

葛粉と寒天で作る、通称「葛寒天パウダー」は、胃腸の働きを整えるのを助けてくれます。家庭で作るデザートは、体のことにも配慮できるのがいいところ。テリーヌのデザート版です。色のコントラストが美しいと興味がわき、そして食べたくなります。見て美味しいことを、学生時代にフレンチレストランでホールスタッフとして働いていた時に、学びました。

*葛寒天パウダーの作り方

材料（作りやすい文量）

葛粉……20g
寒天パウダー……20g

作り方

❶ ミルに葛粉、寒天パウダーを入れて混ぜ合わせる。

材料（プリン型4個分）

［にんじんゼリー］
にんじんの重ね煮……100g
100% みかんジュース……100mℓ
りんご……100g
はちみつ……大さじ1弱
葛寒天パウダー*……小さじ1

［豆乳クリームゼリー］
豆乳……100mℓ
メイプルシロップ……大さじ1
葛寒天パウダー……小さじ1

作り方

❶ にんじんゼリーを作る。りんごはミキサーにかけやすい大きさに切る。ミキサーににんじんゼリーの材料をすべて入れ、なめらかになるまで撹拌する。
❷ 鍋に①を入れ、木べらで混ぜながら2～3分温め、プリン型に流し入れて粗熱が取れたら、冷蔵庫で冷やし固める。
❸ 豆乳クリームゼリーを作る。鍋に豆乳クリームゼリーの材料をすべて入れて泡立て器でよく混ぜたら、火をつける。弱火にかけ、温まったら、ホイップするように混ぜて泡を作る。
❹ ③を②に流し入れ、粗熱が取れたら冷蔵庫に入れて冷やし固める。

重ね煮講座修了生の重ね煮スイーツ

※材料・作り方は皆様のオリジナルをそのまま掲載しています。

ちふみさんの
かさねにんじんケーキ

材料（パウンドケーキ型1本分）

にんじんの重ね煮……1と1/3カップ
（180g目安）
卵……2個
薄力粉……2カップ
ベーキングパウダー……小さじ 1/2
（アルミフリー）
重曹……小さじ1
てんさい糖……3/4カップ
（1カップまで増量可）
菜種サラダ油……1/2カップ
豆乳（または牛乳）……大さじ3

［事前の準備］
パウンド型にオーブン用シートを敷く。
オーブンを180℃に予熱する。
卵は卵黄と卵白に分ける。
薄力粉、ベーキングパウダー、重曹はふるう。

作り方

❶ 重ね煮は包丁でたたく、またはフードプロセッサーでペースト状にする。
❷ ボウルに、卵黄、分量の半分のてんさい糖を加え、よくすり混ぜる。
❸ ②に①を加え、なじむ程度に混ぜる。
❹ 卵白を泡立てる。しっかりと角が立つくらいまで泡立てたら、残りのてんさい糖を2回に分けて加え、さらに泡立てる。
❺ ④を③に加え、泡を消さないように木べらで混ぜる。きっちりと混ぜ込まなくてもよい。
❻ ふるった薄力粉、ベーキンングパウダー、重曹を加え、ざっくりと混ぜる。
❼ ⑥に菜種油、豆乳を加えて混ぜる。
❽ パウンド型に⑦を流し入れ、180℃のオーブンで 30 ～ 40 分焼く。
❾ 竹串を刺して生地がついてこなければ焼き上がり。型からはずして冷ます。乾燥しないようにペーパータオルなどで覆っておくとよい。

矢口さんは、整体を始め、体を調える方法を多方面から長く学んでこられた方。「重ね煮基礎の基礎講座」をスタートさせる以前の、「研究会」の時からのお付き合いです。重ね煮を学びつづけてくださっています。研究会での矢口さんのレポートは、持ち前の知識から、私とは違う視点で重ね煮を捉えた貴重なもの。大切に保管しています。矢口さんらしい表現で、暮らしにかかわることを伝えていらっしゃる矢口さんが始めた、重ね煮を提供するカフェから広がる世界もとても楽しみです。

矢口ちふみさん（長野県長野市在住）
『めぐり屋』代表

「めぐりよければすべてよし」の考え方を基本に、身体と心のよい巡りにつながることに取り組む。整体師として開業して17年。その間、重ね煮料理教室を立ち上げ、カフェのキッチンを間借りして重ね煮ごはんの提供へと発展させる。ほかにも、めぐりパンツ（女性用ふんどしパンツ）の製造販売、筆文字で思いを伝える伝筆（つてふで）講師など、身体と心の巡りの活動を広げている。

Facebook → https://ja-jp.facebook.com/chifumi.yaguchi
Mail → 11meguriya@gmail.com

直子さんの
にんじんの重ね煮 オートミールクッキー

材料（6枚分）

にんじんの重ね煮……15～20g
米粉……30g
ベーキングパウダー……2g
てんさい糖……20g
オートミール……20～30g
塩……ひとつまみ
菜種油……30g

作り方

❶ 重ね煮はみじん切りにする。
❷ ボウルに米粉、ベーキングパウダー、てんさい糖、オートミール、塩ひとつまみ、にんじんの重ね煮、菜種油の順に入れながら混ぜ合わせていく。
❸ ②の生地を6等分にし、ボール状に丸めてから、それぞれ薄く伸ばして鉄板に並べる。
❹ 170℃に予熱したオーブンで6～8分ほど焼く。
❺ 焼き上がったらしっかりと冷ます。

福岡・筑紫野で、戸練の重ね煮教室を10年にわたり主催してくださっています。春日助産院（福岡県）・信友智子先生にいただいた大切なご縁。松川さんの明るさに、いつも元気をもらいます。アロマセラピストの松川さんの〝重ね煮の煮汁は野菜のアロマ〟という表現は、10年たってもうれしい言葉です。結婚、出産、子育てに奔走する姿を見続けています。自分の信じる道を突っ走る姿が大好き。〝なおぴーの重ね煮スコッツ〟は、赤ちゃんからママまで大人気です。

松川直子さん（福岡県筑紫野市在住）
『アロマテラピー・自然療法ケアサロン クローバー』主宰

アロマ・自然療法、ボディケアの仕事に携わり25年。九州唯一のリズミカルセラピー認定セラピスト。重ね煮キッチン「ちいさなクローバー」もオープン。「〝自分らしさ〟を〝心地良く〟」がコンセプト。ママと子どもたちのイベント・講座も開催。

Mail → naopeach0705@gmail.com
Blog → https://ameblo.jp/clover-very-happy/
HomePage → http://clover-aroma.com/index.html
Instagram → https://www.instagram.com/clover_smallclover/

久賀さんは、とても繊細な仕事をカタチにできる方です。久賀さんの作るお菓子の完成度の高さにはハッとさせられます。私の料理教室は感覚を大切にするためか、ついつい大胆になりがちです。重ね煮を作ることを共有することで、久賀さんの繊細さを、より感じることができました。大胆と繊細。こんな個性の違いも、お互いが調和することで、新しいモノが生まれてくるのだということを、あらためて感じさせてくださる方です。

久賀真理子さん（福岡県広川町在住）

『アトリエ 一日暮し』主宰

お茶の産地でもある福岡県八女郡広川町。豊かな自然に恵まれた広川町にある自宅の一部屋で、日々の暮らしが豊かになるような手仕事を伝えている。羊毛の手紡ぎ、卓上機織り体験、ベンガラ染め、季節の台所しごと、おやつ作り、重ね煮などを知る、学ぶきっかけを作る。昔ながらの手仕事がなくなることなく、暮らしに溶け込み、生きる喜びとなることを願っている。

Instagram → https://www.instagram.com/ichinichi_gurashi

Facebook → https://www.facebook.com/mariko.kuga

真理子さんの タルト オ 重ね煮 フロマージュ

Tarte aux kasaneni fromage

材料（直径18㎝タルト型1台分）

［プリゼ生地］
薄力粉……100g　塩……ひとつまみ
無塩バター……60g　冷水……40㎖　強力粉……少々
［アパレイユ］
クリームチーズ……100g　グラニュー糖……30g
グリュイエールチーズ……20g
サワークリーム……65g　卵黄……1個分
レモンの絞り汁……大さじ1
レモンの皮のすりおろし……1/2個分
重ね煮ピューレ（にんじんの重ね煮をミキサーにかける）……70g
薄力粉……15g　卵白……20g　グラニュー糖……10g
［トッピング／にんじんグラッセ（作りやすい分量）］
にんじん……100g　水……1/2カップ
グラニュー糖……小さじ1
自然塩……少々　無塩バター……5g　粉糖……適量

作り方

1【プリゼ生地を作る／事前の準備】
バターは7～8㎜角に切る。
材料を冷蔵庫にすべて冷やしておく。

2【プリゼ生地を作る／混ぜる】
❶ フードプロセッサーに冷水、強力粉以外の材料を入れ、おから状になるまで撹拌する。様子を見ながら2～3秒ずつ、合計4～5回撹拌するとよい。
❷ 冷水を加え、ひとまとまりになるまで撹拌する。
❸ 生地を厚さ1㎝ほどの円形にまとめる。

3【プリゼ生地を作る／寝かす】
❶ 冷蔵庫で30分から一晩休ませる。

4【トッピングのにんじんグラッセを作る】
❶ にんじんは3㎜幅の輪切りにする。
❷ 小鍋に、にんじん、水を入れて一煮立ちさせる。
❸ 表裏を返しながら、やわらかくなるまで5分ほど茹でる。
❹ グラニュー糖、塩、無塩バターを加え、弱火で煮詰める。

5【アパレイユを作る／事前の準備】
クリームチーズは室温に戻す。
卵は卵白と卵黄に分け、冷蔵する。
グリュイエールチーズはすりおろす。
にんじんの重ね煮をフードプロセッサーに入れ、ピューレにする。

6【プリゼ生地を作る／伸ばす】
作業台に打ち粉（強力粉）を振り、生地を麺棒で2～3㎜厚さに伸ばす。

7【プリゼ生地を作る／ピケする】
両面の粉をはらい、パイローラーやフォークなどでピケ（穴あけ）をする。

8【プリゼ生地を作る／敷き込む】
❶ 型に生地を敷き込む。余分な生地を切り落としたら指でしっかりと密着させる。型のふちよりも少し高くなるように敷き込むとよい。

9【プリゼ生地を作る／焼く】
❶ オーブン用シートを敷き、重石を入れて230℃のオーブンで13～15分、ふちにうっすら焼き色がつくくらい焼く。
❷ 重石をはずし、10～12分、底にうっすら焼き色がつくくらいまで焼く。

10【アパレイユを作る】
❶ ボウルにクリームチーズ、グラニュー糖を入れ、ハンドミキサーでクリーム状にする。グリュイエールチーズ、サワークリームの順に加えてハンドミキサーで混ぜる。
❷ さらに、卵黄、レモンの絞り汁、レモンの皮、重ね煮のピューレを加えてハンドミキサーで混ぜ、薄力粉をふるい入れて混ぜる。
❸ 別のボウルに卵白を入れ、ホイッパーで泡立てる。卵白に少し角が立ったらグラニュー糖を加え、角が立つまで泡立てメレンゲを作る。
❹ ③の1/3量を②に加え、ゴムベラでしっかりと切り混ぜる。
❺ ④を③に移し、ホイッパーで混ぜ合わせ、最後にゴムベラでしっかりと切り混ぜる。

11【仕上げる】
❶ 焼き上がったプリゼの生地に、アパレイユを流し、にんじんのグラッセをトッピングする。
❷ 180℃のオーブンで35～40分焼く。
❸ 粗熱が取れたら茶漉しで粉砂糖を振る。

知加子さんの
ひみつのヨーグルトケーキ

材料（直径15㎝丸型）

［生地］
にんじんの重ね煮……80g
プレーンヨーグルト……400g
レモン汁……大さじ1
卵黄……2個分　砂糖……30g
米粉……30g　無塩バター……30g
［メレンゲ］
卵白……2個分　砂糖……30g
塩……ひとつまみ

作り方

［事前の準備］
プレーンヨーグルトを一晩水きりする（ボウルにざる、布巾で包んだヨーグルトをのせて冷蔵庫に入れる）。400gが200gになる。

❶ 型にクッキングシートを敷く。無塩バターは1㎝角に切る。オーブンを170℃に予熱する。
❷ 生地を作る。ミキサーに、重ね煮、水切りしたプレーンヨーグルト、レモン汁を入れ、なめらかになるまで撹拌する。卵黄、砂糖、米粉、無塩バターも加えて軽く撹拌し、大きめのボウルに移す。
❸ メレンゲを作る。別のボウルに卵白、塩を入れ、コシを切るようにハンドミキサーで軽く泡立てる。半量の砂糖を加え、おじぎをするぐらいまで泡立てる。残りの砂糖を加え、角が立つまで泡立てる。ハンドミキサーを低速にして、ゆっくりとキメを整える。
❹ ②に③のメレンゲを3回に分けて加える。最初に、メレンゲを立て直し、ひとすくい入れて混ぜる。ふたたびメレンゲを立て直し、半量を入れて切り混ぜる。最後に残りのメレンゲを立て直し、すべて加えたら、泡をつぶさないように、すくうようにゴムべらで切り混ぜる。
❺ 生地を型に流し入れ、170℃のオーブンで40～50分焼く。
❻ 焼き上がったら型に入れたまま冷まし、粗熱が取れたら冷蔵庫で一晩冷やす。

瓜生さんとは10年以上のお付き合い。私が人生初の重ね煮教室を開いた神戸の教室に参加いただいたことが、ご縁の始まりです。今回の、「ひみつのヨーグルトケーキ」の名前の由来は、にんじんが苦手な子どもにも美味しく食べてもらいたいと、「にんじん」を「ひみつ」という言葉に置き換えたそう。そこには、にんじんこそが美味しさの秘密、という思いも込められているとのことです。ママの目線と優しい気持ちで、子どもたちへの愛あふれるレシピを作りつづけていらっしゃいます。

瓜生知加子さん（福岡県在住）
「重ね煮でつくるおやつの会」講師

2016年より、福岡県久留米市にある、有機、無農薬、無肥料などの農産物および加工品を扱う『産直や蔵肆（くらし）』（http://www.kurashi.jp　TEL:0942・21・3130　代表・鶴久格）にて、不定期で「重ね煮でつくるおやつの会」を開催している。小さな子どもからおかあさん、おばあちゃんまで世代を越えて、皆で一緒に重ね煮のおやつ作りを楽しむ会となっている。体に優しいおやつ作りを通して、おやつが結ぶ笑顔を大切にしている。
Facebook → https://www.facebook.com/profile.php?id=100013478865133

2016年、オーストラリア・シドニーで重ね煮教室を開催した時、アシスタントに入ってくださったのが楳村さんです。差し入れしてくださった、お手製のにんじんの重ね煮のシフォンケーキが美味しかったこと。大きなシフォンケーキを包んでいたのが、かわいいみつろうエコラップの「こけびー」でした。この日をきっかけに、いくちゃんから、プラスチック問題、蜂の生態、自然に負担をかけない工夫を日常生活に取り入れる方法を教えていただいています。

楳村《うめむら》郁子さん（オーストラリア・シドニー在住）
『KoKeBee』代表

子どものころからアレルギーを患っていたが、食生活を見直し自然療法を取り入れることで健康な体を取り戻す。その経験をもとに体質改善オーガニック食事療法コーチとして活動。プラスチックが体に与える悪影響や農薬の実態を知り、健康は自然とともにあることを深く感じ、「みつろうエコラップ」を広めることを決意。プラスチックや農薬に頼らない世界を目指すKoKeBeeを立ち上げる。
KoKeBee HomePage → https://www.kokebee.com
楳村郁子 HomePage → http://ikukoumemura.com

郁子さんの
重ね煮の ウフ・ア・ラ・ネージュ

材料（2人分）

［アングレーズソース］
（別名カスタードソース）
牛乳……170mℓ
（またはココナッツミルク）
卵黄……2個分
葛粉……3g
はちみつ……30g
［メレンゲ］
卵白……2個分
はちみつ……10g
［仕上げ］
にんじんの重ね煮……適量
ミントの葉……適量

作り方

［事前の準備］
卵2個は卵黄と卵白に分け、それぞれボウルに入れる。
［アングレーズソースを作る］
❶ 牛乳（またはココナッツミルク）を鍋に入れて80℃ぐらいに温める。
❷ 卵黄の入ったボウルに、葛粉、はちみつを入れて泡立て器でよく混ぜ合わせる。
❸ ②に①を少しずつ入れてよく混ぜ合わせる。
❹ ③を茶漉しでこして鍋に入れる。弱火にかけ、よく混ぜながらとろみがつくまで加熱する。
［メレンゲを作る］
❶ 鍋にたっぷりのお湯を沸かす（※）。
❷ 卵白の入ったボウルにはちみつを入れ、しっかりと角が立つまで泡立てる。
❸ 2本のスプーンで②のメレンゲをすくって①に落とす。
❹ 2〜3分したら裏返し、2〜3分後に取り出し、ペーパータオルで水気を取る。
［仕上げ］
器にアングレーズソースを敷き、重ね煮を高さがでるように盛りつけ、メレンゲを添え、ミントの葉をのせる。

※お湯を牛乳にかえ、メレンゲを牛乳で火を通すと、より豊かな味わいに仕上がります。使用後の牛乳は、ミルクティーやホットミルクとしてどうぞ。

亜也子さんの
かさね煮ボウル

材料（2人分）

白玉粉……30g
みかんの絞り汁……26g
くるみ……10g
にんじんの重ね煮……10g
レーズン……10g
りんご……10g
煮あずき……80g
あずきの煮汁……100g
てんさい糖……20g
しょうがの薄切り……適量
シナモンスティック……1/2本

作り方

❶ くるみ、重ね煮、レーズンはみじん切りにする。りんごは5㎜角に切る。
❷ あずきをザッと洗って鍋に入れ、たっぷりの水を加えて茹でる。お湯が少なくなってきたら足す。指でつぶせるぐらいになるまで茹でる。
❸ 鍋にたっぷりの水を入れて沸かす。
❹ ボウルに白玉粉、みかんの絞り汁を足す。すぐにボロボロとする程度に練る。やわらかくなりすぎると、後でベチャベチャになってしまうので気をつける。
❺ ④に重ね煮、くるみ、レーズン、りんごを加えて混ぜ合わせる。全体になじんだら12等分する。
❻ ⑤を丸めて③の沸騰しているお湯に落とす。浮いてきたら、冷水にさらし、すぐにざるにあげる。
❼ 鍋に煮あずき、煮汁、てんさい糖、しょうがの薄切り、シナモンスティックを入れて煮立たせたら、⑥の白玉を入れて温める。
❽ 器に盛って、あればみかん、ミントの葉を添える。

笑顔の優しい佐藤さんご夫妻とも、重ね煮の教室を始めた駆け出しのころからのお付き合いです。パティシエをあきらめた私が、重ね煮の道に進んでからのあらたな夢のひとつに、「重ね煮入りシュークリーム」の構想がありました。何年も頭の中に眠っていた構想を実現してくださったのは、『Natural Sweets どんぐりの木』佐藤さんとスタッフの皆様です。その喜びは、今でも忘れません。心の通じる仲間と重ね煮が私の人生を喜びに満ちた豊かなものに導いてくれています。

佐藤亜也子さん（東京都練馬区在住）
2人の娘を育てる主婦

東京練馬区で、からだに優しい重ね煮スイーツ＆重ね煮ごはんを提案、提供する『Natural Sweets どんぐりの木』を2004年より2018年まで15年間夫婦で営む。現在は、家族の暮らしを預かる主婦の仕事に専念。台所まわりの暮らしを中心とする、季節の手仕事を親子で楽しみながら、念願の〝ていねいな暮らし〟を満喫している。2人の娘も重ね煮で育てる。〝重ね煮 美味しい、大好き〟と話す娘とともに、これからも野菜と重ね煮料理を大切にしていきたいと考えている。

安曇野
料理教室

次世代につなぐ食の知恵
基礎の基礎講座スタート

「見える収納」にすることで、掃除をこまめにすることができ、参加の方が自ら道具を選択しやすくもなる。

基本の重ね煮を繰り返し作りつづけることで、私は重ね煮についての理解を深めてきました。基本の重ね煮の組み立てが、自分自身の中にしっかり根付くと、レシピ作りがスムーズになりました。

基本の重ね煮を何度も作りつづけることで感じる奥深さと、そこに込められた知恵の深さは、1~2回でお伝えすることができません。そこで、重ね煮の創始者小川法慶先生のことや、わが家で実践してきた小川先生の教えも含めて、重ね煮について分かりやすく展開する全6回講座を、2016年にスタートすることにしました。

重ね煮を深く、正しく伝え、学び合うことは、先人が生み出した調理の工夫、知恵、経験を次の世代に伝えることでもあります。重ね煮をきっかけに、今おかれている食の現状と向かい合い、見直す機会を得ます。キッチンから多くのことを学び、発信する力を共に育んでいきたい。そのことは、一人ひとりが自分らしく生きる道を歩んで行くことにつながります。小川先生の教えを軸に、新たに私自身が学んでいること、経験していることを分かりやすく伝えたい。重ね煮を通した新たな出会いや経験を楽しみにしております。

「重ね煮基礎の基礎講座」
6回コース

1回目：ようこそ！
　　　　重ね煮「はぁも煮」へ
2回目：基本の重ね煮を作る
3回目：割合違いの重ね煮味比べ
4回目：大きく切る重ね煮の実習
5回目：発酵食品の力を
　　　　プラスする重ね煮の実習
6回目：基本の重ね煮＋1

その他の講座については、HPで随時ご紹介しています。
https://www.toneri-mina.com/

案内リーフレットなどをご希望の方はメールまたは、お電話でご連絡ください。
Tel & Fax：0263-50-6588
E-mail：mina@bettys.jp

愛しい調理道具

いつか自分のキッチンができた時に飾りたいと、一つひとつ揃えた道具。最初の一つから20年、ようやく実現できました。お気に入りの道具に囲まれて料理ができる幸せを感じています。

鍋

土、セラミック、ステンレス、鉄などのさまざまな素材の鍋は、すべて蒸し煮が得意。鍋の素材によって、野菜から引き出される味わい、香りの立ち上りに違いがでます。

棚

父がパン工房で使っていた棚、20年愛用した食パンの型は物入れに。水玉模様のすり鉢は齊藤十郎さん作。片手でも持ちやすく、ほぼ毎日使用。石のすり鉢はバリで購入。

調理道具

齊藤十郎さんの植木鉢ポットに大久保公太郎さんが一本一本手仕事で削る木べらを。チーズカッター（チーズグレーター）は、そのかっこいい姿に惹かれて、手に入れた道具。

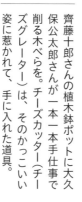

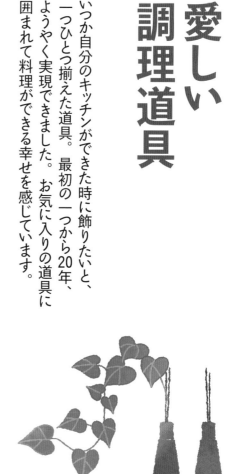

塩壺

かわいらしい塩壺は、イギリスの伝統的な形「ソルトピッグ」。齊藤十郎さんが、すり鉢とお揃いになるように水玉で作ってくださいました。料理中、いつも私のすぐ側にいます。

まな板

包丁の刃をまな板の上でスライドさせても刃がはみださないことが、絶対条件。サブのまな板は、オーストラリアのブルーマウンテンからの贈り物。器としても活躍します。

鍋つかみ

手作りの鍋つかみは、教室に参加の方からの贈り物。持ち手をしっかりとつかめます。人気沸騰！今では松本の作業所の皆様が改良を加えて製作、販売されています。

みつろうエコラップ

楳村郁子さんから教わった「みつろうエコラップ」。ビニールのラップの使用を控える意識をもつようになり、キッチンからビニールやプラスチックフリーを学びました。

ヘチマのたわし

ヘチマのたわしは必須アイテム。きっかけは、楳村郁子（P153）さん。洗剤なしで油汚れや焦げがきれいに落ちます。だんだん小さくなって姿を消すので地球にも優しい。

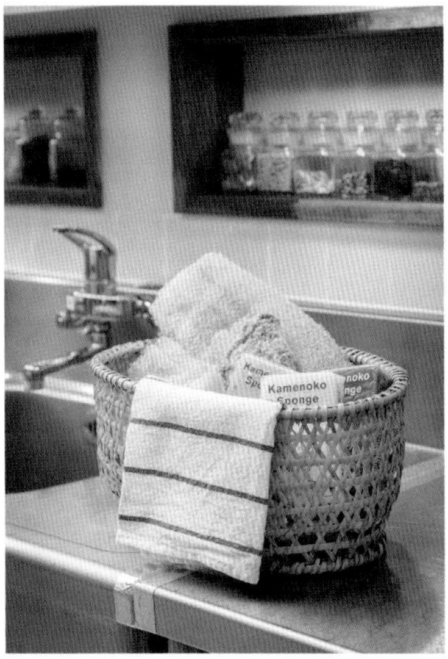

包丁ケース

キュートなお気に入りの包丁ケースは静岡のAさんの手づくり。重ね煮の旅（各地での料理教室）に出る時の必須アイテムです。大切な道具を安全に確実に持ち運べます。

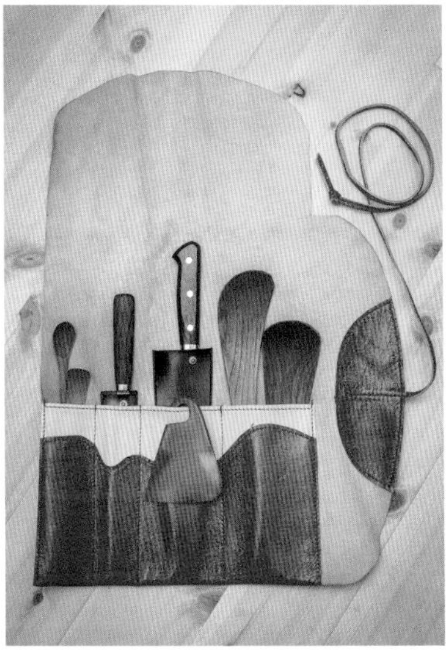

テクラのご紹介

静岡市の静かな住宅街で「うつわ暮らしの道具テクラ」というお店を夫婦で営んでいます。

テクラとは「丁寧に暮らす」「手仕事のある暮らし」という言葉から名付けました。

お店には全国(時々海外)の私たちの好きなものが並び、現地へ足を運び、自分たちの目や心で感じたことを大切にしています。

暮らしを豊かにする「モノ」「コト」をテーマに様々な企画を考え、モノの背景や景色がわかるようにお伝えしています。

静かな住宅街の中で、人々の暮らしの中にとけこむようなお店になりたいと思い、使う方に寄りそえるこの場所にお店を構えました。

わらののれん
店の守り神―①
わら細工
たくぼさんの
わらの
飾りもの
大好きなアオダモの木
守り神②
納築吾成さんのシーサー

主人
義寛《よしのり》
由起《ゆき》
長女
彩葉《いろは》
次女
伊吹《いぶき》
2013年4月テクラOPEN

テクラのはじまり
2人共
家具の仕事をしてました。
キリッ
スーツ&ヒールな私
ネクタイ&スラックスの主人
いらっしゃいませ
ずっと思っていた
いつか何かのお店をやってみたい by 義寛
2008
結婚
2011年9月長女生まれる
とにかくよくねる子
子育ての悩み何もない私
急に時間が沢山できて
このままでいいのかな。
お店をやってみようか!
でもでも…
結婚して
手仕事のマグカップを買う
すごくいいね!!
うつわが変わると時間が変わる!
これってすごいことだね!
一度きりの人生!
失敗してもよいから
とにかくやってみよう!
2012年開店準備スタート!!
手さぐりで1年半かけて開店準備をすすめました。
全国各地へ
だっこしながら
お取り扱いしたい作り手さんとにかく会いに行きました。
手紙を書いたり
電話をしたり
mailしたり
会いに行ったり
よろしくお願いします
いつもキンチョーの日々
ある日の出張スケジュール
静岡
主人の仕事を会社近くで待つ
4h
夜のうちに三重あたりまで移動
4h
早朝移動
山陰(島根・鳥取)
窯元めぐり2日間
7h
夜中移動
翌日出社
ほとんど寝ずに
こんな日程で女ちこた出張しました。
2013年4月18日
テクラオープン
店舗兼住宅を建てました
2014年5月
主人がサラリーマンをやめ合流
2018年11月
次女うまれる
芹沢銈介美術館
museumshop オープン
今に至る

テクラは二〇一三年オープンし、一年目は私一人、二年目から主人と一緒にお店を営んでいます。

数年前、お世話になっている岩井寛さんに「重ね煮」を教えて頂き、その美味しさに驚きました。その後ミナさんをご紹介して頂き、三人で安曇野のレッスンを申し込みました。

重ね煮ジュース
重ね煮のスコーン
娘さんに食べさせてあげてね
おしゃれで素敵な料理上手な岩井寛さんの房江さんに頂く

重ね煮ってすごい!!
とっても楽しそう
いろは5才
塩を真剣にふる
にんじん
たまねぎ
きのこ
日持ちする
野菜がおいしくなる
アレンジがきく
人参が苦手な私がおいしい!と感じました!

ミナさんの教室に感動した私たちは、静岡のお客様にもお伝えしたい!とお願いし、何度も静岡で重ね煮教室を開催しました。

おかげさまで、静岡でも大人気のお教室です。

そして一緒に世界へ!

二〇一六年、ご縁があり仏へ行った私たちは、次回は日本の食も一緒に紹介したいと思い始めました。重ね煮はお野菜とお鍋があれば世界中どこでも作れる、そして海外に住む日本人の方々にもこの「うまみ」は喜んでもらえるとひらめき、ミナさんにパリの旅をお誘いし、私たちのフランス・モロッコへの旅がはじまりました。

きっとそうだ!

うつわ 暮らしの道具 テクラ　住 静岡市葵区大岩1-1-25　☎ 054-246-2856　営 13:00〜18:00　休 火・水

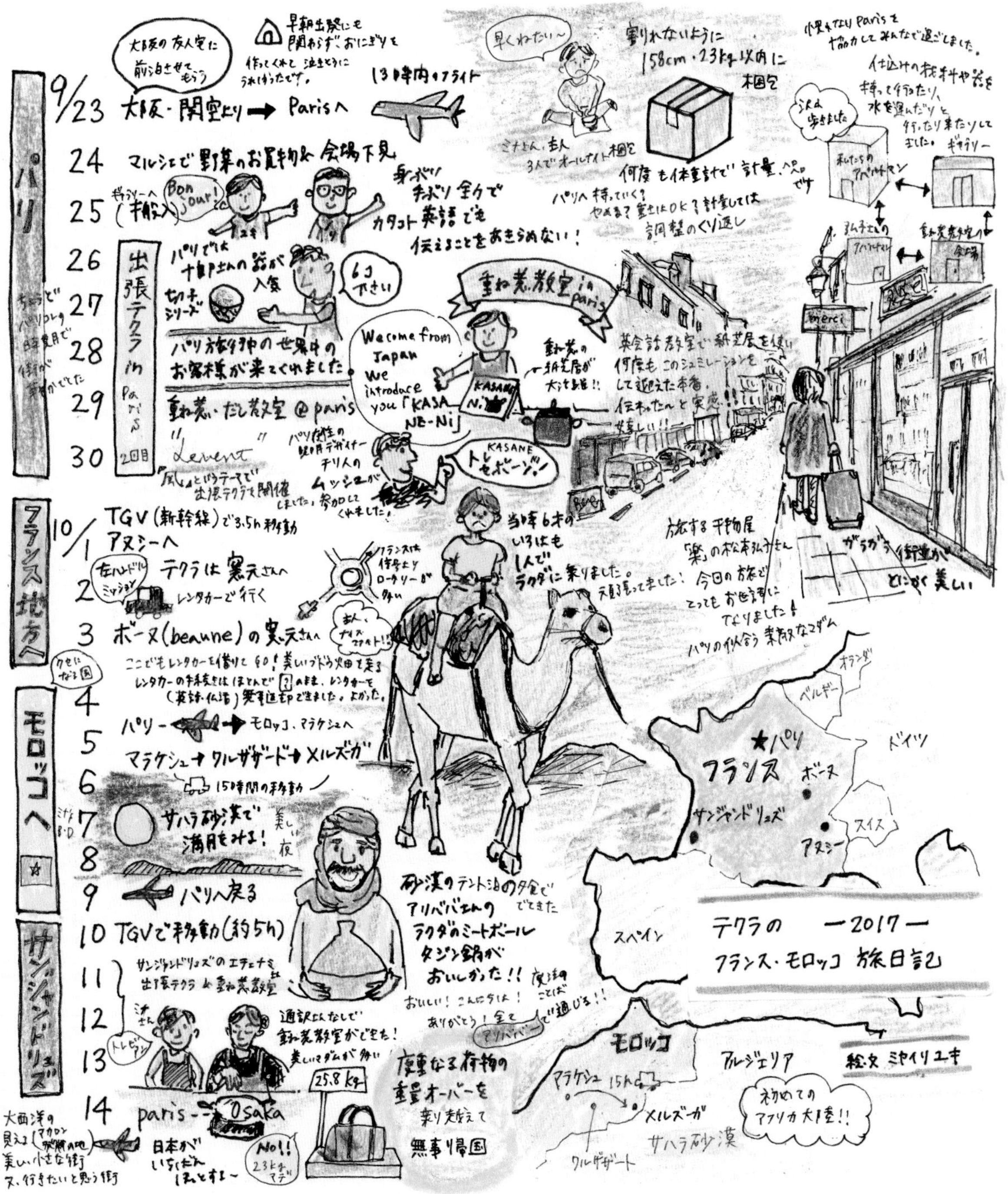

登場する テクラ所蔵のうつわ

p16	小代瑞穂窯 福田るい（熊本）
p18	サンピニー・ポタリー（フランス）
p23（下）	小代瑞穂窯 福田るい（熊本）
p24	横田屋窯（沖縄）
p25	前野直史（京都）
p27（上）	齊藤十郎（静岡）
p28（上）	工藤和彦（北海道）
p28（下）	森山窯（島根）
p29	小代焼ふもと窯 井上尚之（熊本）
p32	小代焼ふもと窯 井上尚之（熊本）
p33	サンピニー・ポタリー（フランス）
p34	延興寺窯（鳥取）
p35	前野直史（京都）
p36	瀬戸本業窯（愛知）
p39	サンピニー・ポタリー（フランス）
p41	安部太一（島根）
p44	齊藤十郎（静岡）
p47（上）	齊藤十郎（静岡）
p49（上）	齊藤十郎（静岡）
p49（下）	岩井窯（鳥取）
p55	サンピニー・ポタリー（フランス）
p56・57	陶藝玉城（沖縄）
p58	山田洋次（滋賀）
p59	齊藤十郎（静岡）
p61	小代焼ふもと窯 井上尚之（熊本）
p67	小鹿田焼（大分）
p69	横田屋窯（沖縄）
p76	山田洋次（滋賀）
p77	サンピニー・ポタリー（フランス）
p78	工藤和彦（北海道）
p79（下）	陶藝玉城（沖縄）
p92	岩井窯 山本教行（鳥取）
p94	森山窯（島根）
p95	前野直史（京都）
p100	工藤和彦（北海道）
p101	小鹿田焼（大分）
p103	山田洋次（滋賀）
p108	勢司恵美（茨城）
p110（上）	テクラ私物
p111	小代焼ふもと窯 井上尚之（熊本）
p114	岩井窯 山本教行（鳥取）
p119	岩井窯 山本教行（鳥取）
p123	小代瑞穂窯 福田るい（熊本）
p133	齊藤十郎（静岡）
p134	岩井窯 山本教行（鳥取）
p134（下）	川口武亮（佐賀）
p135	小代焼ふもと窯 井上尚之（熊本）
p136	瀬戸本業窯（愛知）
p137（上）	横田屋窯（沖縄）
p137（下）	掛谷康樹（広島）
p138	岩井窯 山本教行（鳥取）
p139（中央）	小代焼ふもと窯 井上尚之（熊本）
p139（下）	工藤和彦（北海道）
p144（右）	テクラ私物
p144（左）	工藤和彦（北海道）
p145	小代焼ふもと窯 井上尚之（熊本）
p146	齊藤十郎（静岡）
p147（右）	齊藤十郎（静岡）
p150	竹中悠記（鳥取）
p152	小代瑞穂窯 福田るい（熊本）
p153	小代焼ふもと窯 井上尚之（熊本）
p154	岩井窯 山本教行（鳥取）

絵・文／宮入由起

PROFILE

戸練ミナ　重ね煮料理「はぁも煮」主宰

長野県安曇野市在住。重ね煮料理研究家・栄養士・調理師。短大卒業後、調理師学校卒業。フランスでのパティシエ修業後、自然食レストラン、病院の食養課課長を経て、2007年より重ね煮料理家として活動を始める。オリジナルの発想と、栄養学、東洋的思想の食養・薬膳の知識を活かし、全国で重ね煮料理教室や食育講座を開催。著書に『重ね煮レシピ 100』(小学館)、『はじめての重ね煮』(茅花舎)がある。

「基本の重ね煮」を中心に、作り置きした重ね煮を使って作るアレンジ料理を100品紹介!

「基本の重ね煮」の作り方を詳しく紹介し応用の重ね煮の作り方へと展開。離乳食も紹介。

根菜を楽しむ重ね煮

撮影	秋山亜紀(studio GALU)
デザイン	杉本千夏
校正	吉田悦子
料理協力	戸練わこ(べてぃず・きっちん野乃庵)
器協力	うつわ 暮らしの道具 テクラ
編集協力	内田睦子
広報	鈴木志保
企画・構成・編集	内田清子

撮影協力	重ね煮お食事処 べてぃず・きっちん野乃庵 住所：長野県安曇野市穂高2004 電話：0263-50-6588

2020年3月16日　初版第1刷発行

著　者	戸練ミナ
発行者	内田清子
発行所	茅花舎 Tsubanasha 〒253-0026 神奈川県茅ケ崎市旭が丘5-40-214 電話：0467-58-1532
印刷・製本所	シナノ印刷株式会社

©Toneri Mina,Tsubanasha 2020 Prinnted in JAPAN
落丁・乱丁本はお取り替えいたします
本書の無断複写・複製・転載を禁じます

ISBN978-4-9907925-3-4
C2077